ブックレット〈書物をひらく〉14

海を渡った日本書籍

ヨーロッパへ、そして幕末・明治のロンドンで

ピーター・コーニツキー

平凡社

海を渡った日本書籍――ヨーロッパへ、そして幕末・明治のロンドンで［目次］

お詫びと訂正

『海を渡った日本書籍』64頁上段注に以下の脱落がありました。お詫びして訂正いたします。

位置：現在の1行目「フの父は……」の前
脱落：「イヴァン・マホフ　Ivan Vasilievich Makhov（一八二〇―九五）。マホ」

平凡社編集部

はじめに

現在のイギリスでは、日本で刊行された本が、三十年ぐらい前の状況に比べれば、かなり入手しやすくなってきたと言える。たとえば、ロンドン中心地のピカデリーの近くにあるジャパン・センターなどへ行けば、わずかながら文庫本ぐらいは並んでいる。それで足りなければ、インターネットを通してウェブ上で注文し、アマゾン・ジャパン、紀伊國屋、丸善などの大手業者からイギリスまで送ってもらえばいい。筆者の経験では、注文してから二週間以内に届くことが多いのでとても便利だ。しかし、幕末・明治のロンドンではどうだったろう。当時は日本の書物をそう簡単には入手することができなかったはずだ。インターネットは当然なかったし、飛行機もなかったので、輸送するにしても船便で二、三ヶ月ぐらいかかるのが普通だった。また当時は、イギリス在住の日本人が非常に少なかったので、日本の書物が商売になることの当然なかった時代だったのだ。

だが、そのような時代だったにもかかわらず、不思議なことに、日本の慶応三年にあたる一八六七年に刊行されたロンドンのある書籍商の在庫販売目録を見れば、日本の書籍が意外なほどたくさんリストアップされている。幕末の日本から本を仕入れることは決して容易でなかったはずである。また、在庫販売目録はローマ字で書いてあるところを見ると、日本人読者を相手に考えていたわけではなかったようだ。では、イギリス人の読者を考えていたのかといえば、当時のロンドンに、日本語の本が読める能力を持っていたイギリス人は皆無に近かったはずなので、そうではあるまい。それでは、いったいなぜその本屋が日本の書物をこのように売ろうとしていたのだろうか。

日本の書籍の海外流出は、近・現代に限られているわけでは当然ない。中国や朝鮮を考慮に入れると、奈良時代以前まで遡《さかのぼ》る。ヨーロッパへの流出は十六、十七世紀まで待たなければならないが、その当時のヨーロッパに日本語で書いた文章が読める人は一人もいなかった。それでは、日本語が読める読者がいなければ、日本の書籍が海外へ流通しても何の意味もないのではないか。それとも、何かの意味があったのだろうか。

いまは、むかしと違って、海外在住の日本人がかなり多くなってきた。さらには、たとえば私が喜んで藤沢周平の時代小説を読むのと同じように、外国人でも日本の書籍を平気で読んでいる読者がいる。つまり、海外で日本の書籍を手に入れたい読者層は確かにあるので、日本の書物が商売になることは間違いない。しかしながら、幕末・明治のロンドンは事情がまったく違っていた。本書では、まず日本書籍の海外流通史をヨーロッパを中心としながら概略し、それから幕末・明治のロンドンに焦点を絞っていきたいと思う。

一▼日本書籍の海外流通史
——元禄年間まで

1　中国と朝鮮半島までの流通

日本の書籍がいつから海外へ流通するようになったかというと、実は奈良、平安時代まで遡る必要がある。いうまでもなく、当時の「海外」とは中国および新羅《しらぎ》・百済《くだら》・高句麗《こうくり》という朝鮮半島の三国に限られていたのである。また、平仮名や片仮名が成立する前の段階では、日本で作成された、あるいは書写された書籍は、万葉仮名《まんようがな》で書かれている『万葉集《まんようしゅう》』や『古事記《こじき》』以外、漢文で書かれたものばかりだった。漢文はいうまでもなく東アジア共通の文章言語だったから、東アジアのいわゆる漢字文化圏内では、文字や言語の「壁」がなく、書籍が問題なく流通する可能性があった。

現在知られているかぎり、日本の書籍が海外へ渡った最初の例は、『勝鬘経義《しょうまんぎょうぎ》疏《しょ》』、『法華経義《ほっけきょうぎ》疏《しょ》』『維摩経義《ゆいまきょうぎ》疏《しょ》』という三点の仏書だった。いずれも仏教経典

慧慈　推古天皇三十一年（六二三）没。高句麗の人。『日本書紀』によれば聖徳太子の師匠を務めた。

山井崑崙　享保十三年（一七二八）没。儒学者・考証学者。

の解説書で、聖徳太子が著したと伝えられている。推古《すいこ》天皇三年（五九五）に慧《え》慈《じ》という僧侶が高句麗から渡来し、聖徳太子に仏教を教えたりしたが、推古天皇二十三年にこの三点の仏書を高句麗まで持って帰った。また、神護景雲《じんごけいうん》元年（七六七）に日本の学僧が同じ三点の書物を直接に中国まで持っていったようである。その後、最澄《さいちょう》、奝然《ちょうねん》、源信《げんしん》などの日本僧が相次いで書籍を中国へ持参したり送り込んだりしていたが、それはいうまでもなくすべて漢文の書籍だったのである。

　江戸時代も、中国か朝鮮まで流れた書物はすべて漢文の書籍だった。周知のとおり、江戸時代の長い期間中、日本人は中国へ渡航することを禁止されていたが、長崎に唐人町があり、長崎と中国本土は中国船の出入りによって結ばれていた。中国船は中国との貿易を可能にしただけではなく、日本の書籍が中国へ発送されるルートでもあった。そのルートを利用して、山井崑崙《やまのいこんろん》の著作『七経孟子考文補《しちけいもうしこうぶんほ》遺《い》』（享保《きょうほう》十六年（一七三一）刊）が中国へ持ち込まれた。その他、中国古典の『詩経《しきょう》』中の動植物を中心にした岡元鳳《おかげんほう》著『毛詩品物図攷《もうしひんぶつずこう》』（天明《てんめい》五年（一七八五）刊）や荻生徂徠《おぎゅうそらい》の『弁道』なども中国へ持ち込まれ、中国で復刻されることもあった。いうまでもないことだが、日本の出版書を中国で復刻する場合、日本の訓点を除外して復刻したのだ。

　中国と朝鮮の場合、日本人の学僧や留学生が海外へ持ってゆき、あるいは日本から書物が発送された、という輸出パターンが主流となっていた。ヨーロッパの場合は、むしろ来日したヨーロッパ人が持って帰るパターンが主流だったので、ここに大きな違いを認める必要があろう。輸出パターンは漢文文化圏の内側のことで、中国人と朝鮮人に日本の漢文作品を読んでもらうという自負心が働いていたと言えるが、ヨーロッパ人に読んでもらいたいという気持ちさえなかったようである。

2　江戸初期のイギリス、アイルランドまでの流通

日本の書籍が初めてヨーロッパまでもたらされたのはカトリック教会のイエズス会▲宣教師たちが日本で活躍していた室町時代末期の頃かと思われる。だが、宣教師たちが日本書をヨーロッパまで持って帰ったという記録はあまりない。実際のところ、宣教師たちが持って帰ったと判断できる書物がまだ見つからないので、正確なことは分からない。ただ、話を江戸初期へ移すと、記録も実物もイギリスなどに残っている。

では、日本の書籍がいつ初めてイギリスへ届いたのだろうか。実はお恥ずかしい話なのだが、ジョン・セーリス▲という人物が、平戸《ひらど》にイギリス商館を開設した

イエズス会　一五三四年に創設されたカトリック教会の修道会。

ジョン・セーリス　John Saris（一五八〇頃―一六四三）は、イギリス船として初めて日本に来航したイギリス東インド会社の貿易船の船長。慶長《けいちょう》十八年（一六一三）に日本に到着してから、平戸にイギリス商館を開設し、後述するリチャード・コックスを商館長として残して帰国した。

のち、慶長十九年（一六一四）に帰国した際、日本で入手したエロチックな本を持参したらしいのだ。当時のエロチックな本は印刷されたものでなく、写本のかたちで流通しており、セーリスは写本を入手して持って帰ったことになる。どこでどうやって入手したかは明らかでなく、また残念ながらセーリスが持って帰った本は現存していないようだ。セーリスと一緒に来日したリチャード・コックス▲という人物が商館長を務めるようになった。コックスは、日本に到着して以来、長い期間にわたって日記をつけていた。その日記の一六一六年十一月項によると、当時京都に滞在していたコックスが「印刷された日本の本五四冊を買ったが、これは彼等［日本人］の昔話で、彼等の最初の発端からの年代記からなるものであり、八九匁《もんめ》したが、その代金の内八四匁をイートン君が私のために支払って呉れ、残りを私が支払った」▲とある。必ずしも明瞭な文章とは言えない。五十四冊とは一点の本なのか、それともいくつかの本を合わせての五十四冊なのだろうか。いずれにしても京都で買ったことは、近世初期に出版業が芽生えたのが京都だったから、元和二年（一六一六）の段階では書籍売買も京都が一番だったのである。当時は印刷物が京都の名物となっていたとも言える。もう一つ注意しなければならないことは、五十四冊の代価は結局、同僚のウィリアム・イートンがほとんど全額を出し、コックスがごくわずかしか払わなかったことである。これはどうい

リチャード・コックス　Richard Cocks（一五六六―一六二四）は上記のセーリス船長の貿易船に乗って来日し、イギリス人のウィリアム・アダムス（三《み》浦按針《うらあんじん》）の仲介によって徳川家康に謁見して貿易の許可を得た。徳川家康からもらった許可証である朱印状（朱印「源家康忠恕」、慶長十八年八月二十八日付け）は、オックスフォード大学付属ボドリアン図書館に所蔵されている。コックスは元和《げんな》九年（一六二三）にイギリス商館を閉鎖し、帰国の途に就いたが、途中で死んだ。

「印刷された……　東京大学史料編纂所編『イギリス商館長日記 訳文編』（東京大学出版会、一九八〇―八一年）上巻五六七頁。

う意味だろうか。五十四冊の大多数がイートンの所有となったのだろうか。

さて、かりにその五十四冊が一点にすぎなかったとすれば、どのようなものだったのだろうか。日記の翻訳中に「昔話」とあるのは、どうも文芸の響きがあり、日本語訳文の注に「源氏物語古活字本であろう」と説明してある。確かに国立公文書館に所蔵されている『源氏物語』の古《こ》活字《かつじ》版《ばん》（慶長年間（一五九六—一六一五）刊）は五十四冊からなっている。ただし、原文の英語は「昔話」というより「昔のこと［を書いた本］」と訳したほうが正確である。だから『源氏物語』のような文学作品ではなく、歴史の本だった可能性もある。『源氏物語』でなければ、元和二年までに日本で刊行された歴史書としては、『日本書紀』、『太平記《たいへいき》』、『吾《あ》妻鏡《づまかがみ》』という三つの可能性しかない。しかし、『日本書紀』は三十巻十五冊のもので、また『太平記』は四十巻四十冊（二十冊の場合もある）となっているので、コックスのいう「五四冊」には該当しないようである。『吾妻鏡』のほうは、慶長十年（一六〇五）に、徳川家康の命令により伏見で活字印刷されたし、その後も活字版が京都で刊行された。書名は『新刊吾妻鏡』となっているが、全部で五十二巻五十一冊なので、冊数から言えば、ほぼあっている。つまり、コックスが入手した書物はおそらく『吾妻鏡』だったのではなかろうか。

コックスの購買した本が『源氏物語』ではなく、『吾妻鏡』だったということは、あくまでも推測に過ぎない。しかし、それを裏付けるかのように、元和年間（一六一五―二四）に古活字版として日本で刊行された『吾妻鏡』の一部がイギリスのケンブリッジ大学付属図書館およびアイルランドのトリニティ・カレッジ（ダブリン大学）付属図書館に所蔵されている。また、いずれも十七世紀末までにイギリスに入っていたという確かな証拠が残っている。では、この『吾妻鏡』数冊こそがコックスが購入した本なのだろうか。詳細に検討してみよう。

ケンブリッジ大学所蔵本のほうは、古活字本『新刊吾妻鏡』の第四十三、四十四、四十六巻しかないが、十七世紀初頭に書かれた書き入れが二つ確認できる。最初の書き入れは「Ex dono Gulielmi Chidley e collegio Reginae ap Oxon. Januar. 26 An. Salutis 1626」というラテン語のもので、「一六二六年一月二十六日、オックスフォード大学のクイーンズ・カレッジ所属のグリエルムス・チドリー寄贈」という意味だ。このチドリーという人物は、一六二八年に修士号を取得したオックスフォード大学のクイーンズ・カレッジ所属の William Chidlowe▲ と同一人物のようだ。しかし、チドリーは一度も外国へ行ったことがなかったので、いったいどこでどうやってこの本を入手したのだろうか。残念ながら、まだそれは定かでないが、おそらく彼はコックスかイートンの友人か親戚だったのではないだろうか。いずれにしても、この三冊が一六二六年までにイギリスに届いていたこと

William Chidlowe　本人はどういうわけか「Chidley」と「Chidlowe」という書き方を両方使っていたようだ。一六〇二年生まれ、一六八一年まで田舎のイングランド国教会の牧師として勤めていた。没年は未詳。グリエルムスとはウィリアムをラテン語化した名前。

は確実のようだ。

チドリーは日本語の文章が読めるはずがまったくなく、その本に何のことが書いてあるかさえ分からなかったに決まっている。彼の書き入れによると、チドリーが誰か別な人に寄贈したらしい。わけが分からない本で邪魔だったからだろうか。その寄贈先は、ひょっとしたら二つ目の書き入れ「Johannes Burgesius 1632」に見えるヨハンネス・バージーシウスという人物だったかもしれない。Johannes Burgesius とは、John Burges（ジョン・バージェス）をラテン語化した名前で、当時はよくある名前だったので、いまとなっては誰のことか特定できない。それはともかくとして、チドリー旧蔵の『吾妻鏡』が、のちに、ケンブリッジの近くにあるイーリー市の司教の蔵書に入り、一七一五年にやっとケンブリッジ大学付属図書館に入った。日本の書籍が初めてケンブリッジ大学付属図書館の蔵書になったのだ。

他方、アイルランドの首都ダブリンにあるトリニティ・カレッジ図書館所蔵本は、ケンブリッジ大学蔵本と同様、江戸時代初期の古活字本で、題名が『新刊吾妻鏡』となっている（図1）。第四十一、四十二巻だけで、ちょうどケンブリッジ大学蔵本の第四十三～四十五巻に先行する二巻なのだ。この五冊がもともとイギリス商館長コックスが日本で購入した『吾妻鏡』の一部ではないだろうか。そ

ジョン・パーカー　John Parker（一六八一年没）。ダブリンに生まれ、アイルランド聖公会の牧師となり、一六七九年にダブリン大司教となった。一六三九年に聖公会の助祭となったので、オックスフォード大学およびトリニティ・カレッジで就学した時期はおそらく一六三〇年代のことだったろう。

れがあとでバラバラになって、ほとんどが行方不明となり、いま現存しないのは、内容が読めないので重要視されなかったからだろう。結局、第四十一巻から第四十五巻だけが現存しているのはまったく偶然なのだろうか。

それは別として、第四十一巻の巻頭に「四十一冊目と四十二冊目　日本の恐ろしいことに関する本」という意味の言葉が書き入れてある。これは、この二冊だけになってからの段階の書き入れだろうが、書いた人は内容を誤解したとは言えず、さらには第四十一巻と第四十二巻からなっていることは分かったようだ。その人は漢数字が読めたのか、それとも日本人に教えてもらったのかは明らかではない。この二冊は、一六八一年に死んだジョン・パーカー▲というダブリン大司教が死ぬ前に寄贈したのである。パーカー大司教は、一時イギリスで活躍していたが、外国まで行った経験がまったくない人間だったので、どうやってこの本を入手したのかは謎のままだ。おそらく彼も

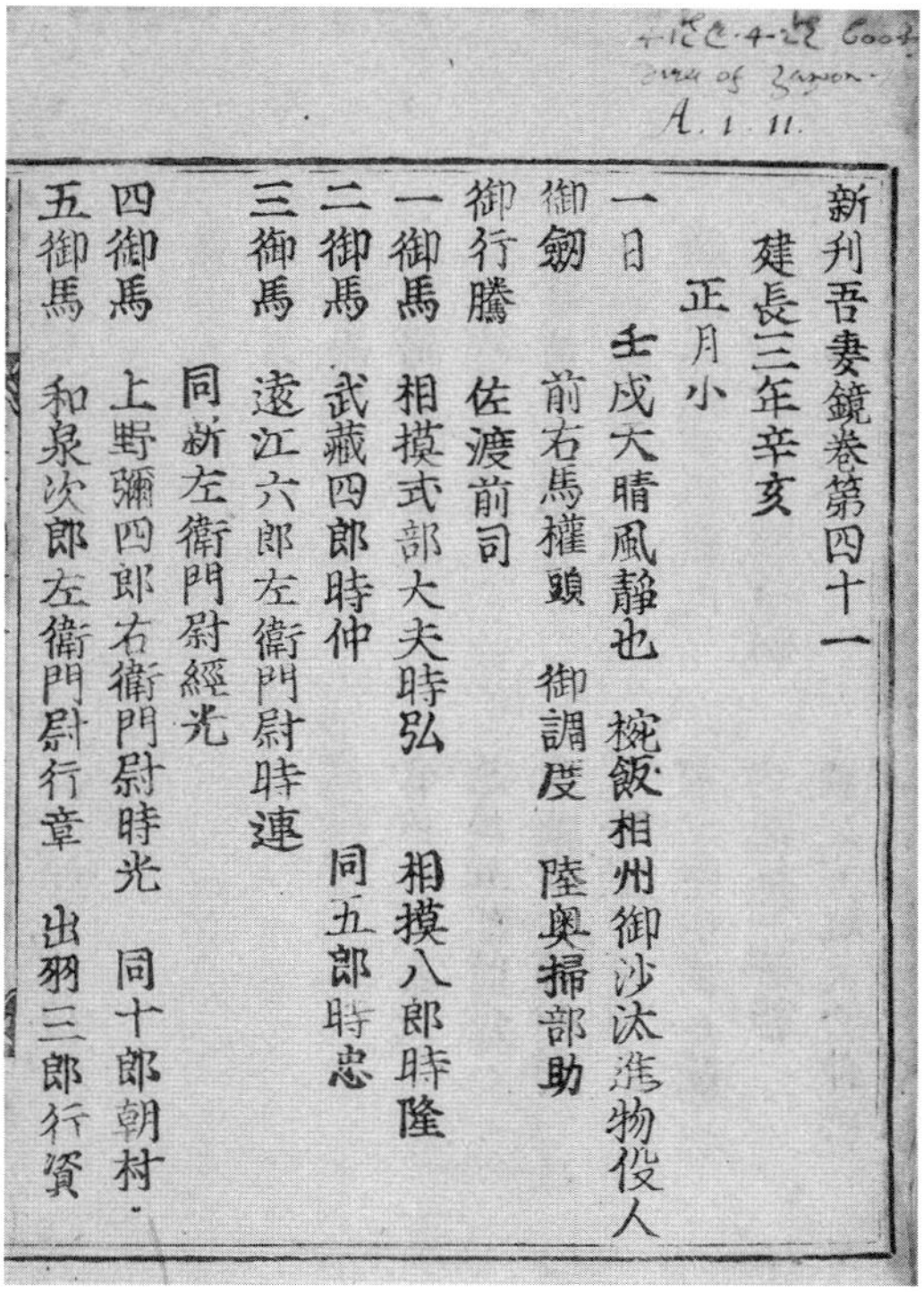
新刊吾妻鏡巻第四十一
建長三年辛亥
正月小
一日　壬戌天晴風静也　椀飯相州御沙汰進物役人
御剱　前右馬權頭　御調度　陸奥掃部助
御行縢　佐渡前司
一御馬　相摸式部大夫時弘　相摸八郎時隆
二御馬　武藏四郎時仲　同五郎時忠
三御馬　遠江六郎左衛門尉時連
同新左衛門尉經光
四御馬　上野彌四郎右衛門尉時光　同十郎朝村
五御馬　和泉次郎左衛門尉行章　出羽三郎行資

図１　江戸初期の古活字版『新刊吾妻鏡』第41巻の冒頭（アイルランド、トリニティ・カレッジ図書館蔵）。

図2　オックスフォード大学付属ボドリアン図書館蔵『やしま』の表紙。下のラテン語書き入れはロバート・ヴァイニー（Robert Viney、生没年未詳）が1629年に寄贈したことを司書が記録し、逆さまになっているのはヨーロッパの書籍と同様に取り扱ったからだろう。

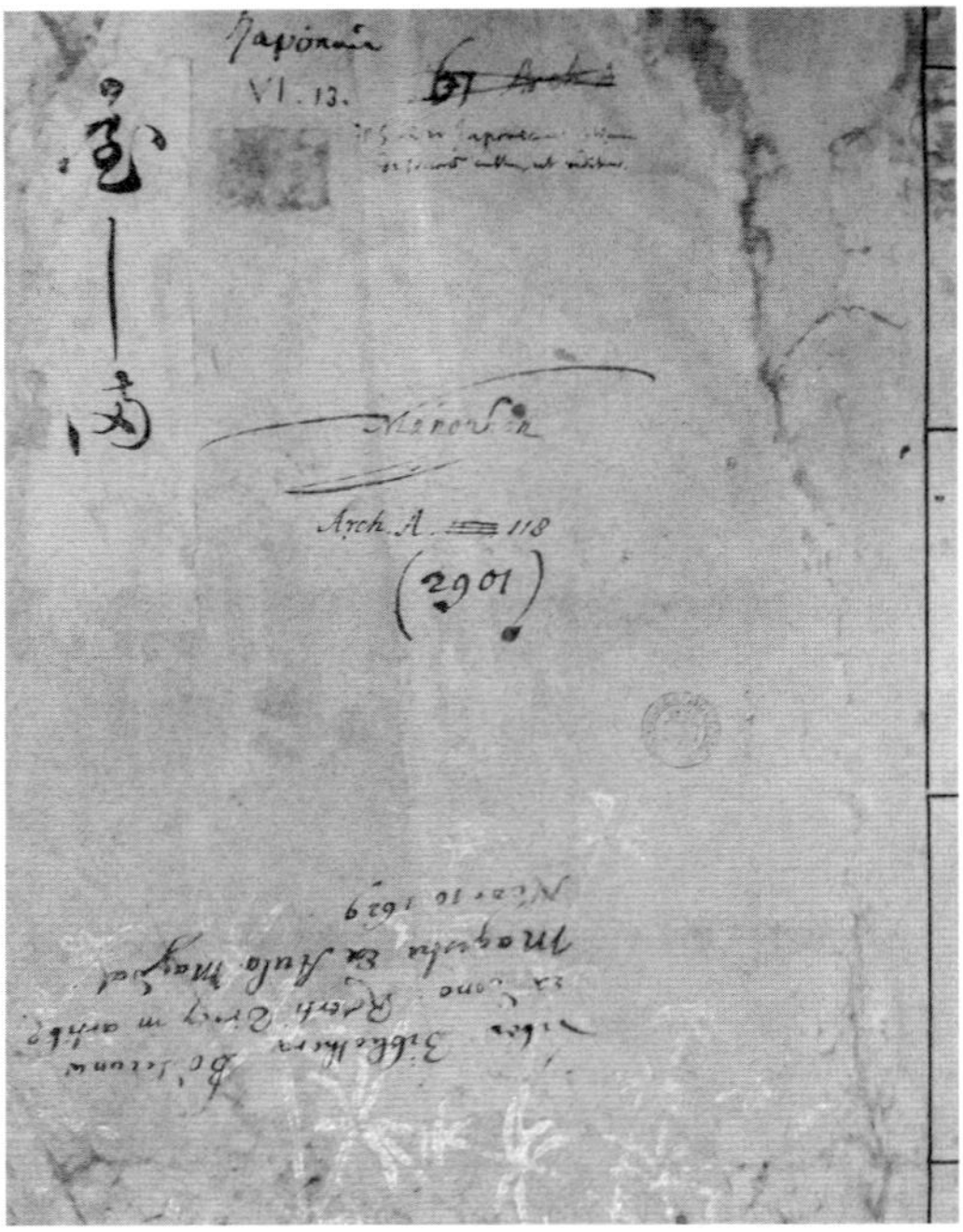

親戚か知り合いから貰ったのだろうが、確実なことは分からない。

同じ十七世紀に、オックスフォード大学付属ボドリアン図書館にも日本の書籍が届いている。一六二九年十一月にロバート・ヴァイニーという人物が謡曲の謡本《うたいぼん》三冊を寄贈したのである。その三冊は、『やしま』（八島）、『やたてかも』（矢立鴨）、『自然居《じねんこ》士《じ》』という謡本で、京都の嵯峨で活字印刷された、いわゆる嵯峨本である。ヴァイニーは、一六二一年に十四歳の若さでオックスフォード大学のモードレン・ホール（現在のハートフォード・カレッジ）に入学し、一六二八年に修士号を取得し、その後、キリスト教の牧師となったようである。その三冊を寄贈した一六二九年の段階ではまだ二十二歳で、日本はもちろん、ヨーロッパへも行った経験がないようなので、日本の本の入手方法は明らかではない。『やしま』の表紙（図2）に「日本の手書きの本、これも偶像の崇拝の本のようだ」という意味のラテン語が書いてある。これはおそらくヴァイニーが書いたものかと思われる。日本の本だと分かったことは明らかだが、それは何

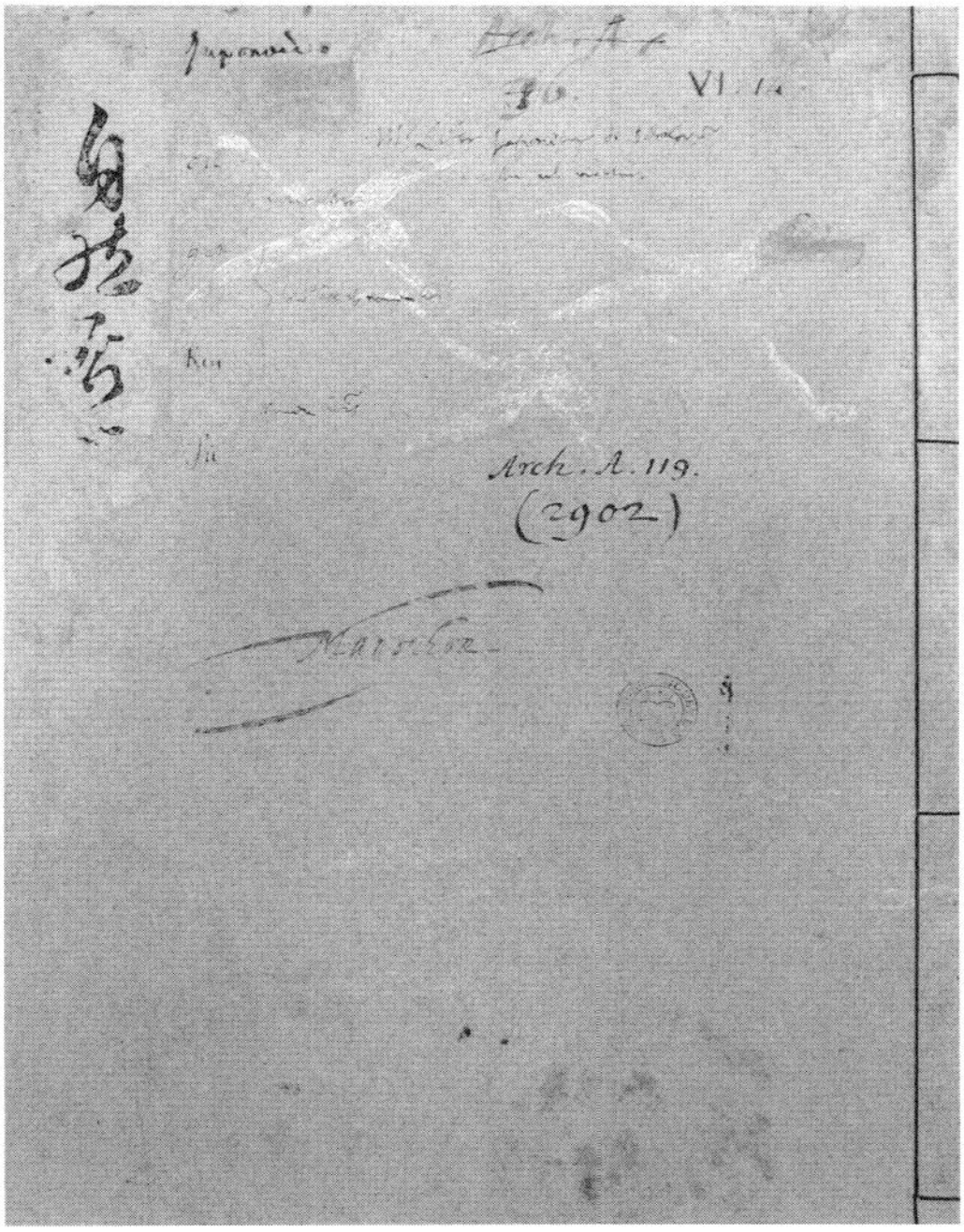

図3　オックスフォード大学付属ボドリアン図書館蔵『自然居士』の表紙。上に『やしま』とほぼ同文の書き入れがあるが、題簽の書名に読みと意味が施されている。

かの情報に頼っていただろう。彼は、本の内容についてはまったく見当がつかなかったのである。

『自然居士』の表紙（図3）には題簽《だいせん》の書名に対して読みと意味が書き入れてある。読みは「自 qu」「然 gen」「居 kiu」「士 su」となっているが、どのような発音を反映しているのか明瞭ではない。意味のほうは、「自然」と「居士」に対して、それぞれ「自然《しぜん》」、「人名」という意味のラテン語の書き入れ、それから全体に対して「これは全部人名です」という意味のラテン語の書き入れが見受けられる。これによればこの書き入れを書いた人は、漢字の読みだけではなく、書名『自然居士』の「自然」の意味も分かっていたようだ。若年寄贈者ヴァイニーがそれほどの知識を持っていたとは考えられない。したがって、ヴァイニーが入手する前の段階の書き入れと考えられ、日本在住のイギリス商館の関係者だった可能性が高い。

　もう一つ不思議な点がある。全三冊の表紙の真ん中に、筆で書いたローマ字が見受けられる（図4）。

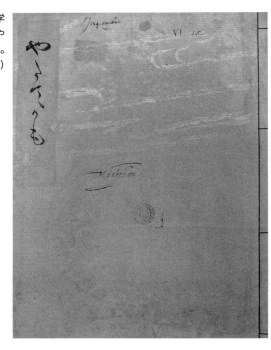

図４　オックスフォード大学付属ボドリアン図書館蔵『やたてかも』の表紙のサイン。「Mánóphon」（マノフォン）と読む。

読みにくい字だが、「Mánóphon」（マノフォン）と読むに違いない。一六九七年に刊行されたイギリス、アイルランドの各図書館に所蔵されている写本の総目録にも「Manophon」と書かれている。▲これは一見するとどうもサインのようなものだが、人名かどうかははっきりしない。人名だとすれば、西洋人の人名らしくなく、タイ民族かラオ民族（現在のラオス人民民主共和国）の人名のようだ。日本の書籍にそのような名前が書いてある可能性がないわけではない。なぜなら、江戸初期はシャム（いまのタイ王国）と日本との貿易関係が盛んで、シャムの貿易船が一六一二年に来日した際、その船長が徳川家康に拝謁し、結果としてシャムの国王が一六二一年に使節団を日本へ派遣した。来日した使節団は、伏見《ふしみ》で将軍徳川家光《いえみつ》に拝謁してからの帰途に、わざわざ平戸のイギリス商館に立ち寄った。▲同時に、一六一二年以降、シャムにもイギリス商館が存在し、平戸の商館と貿易船の行き来が頻繁にあった。だからシャムから日本まで渡航することはじゅうぶん考えられる。そうすると、このマノフォンを人名とすれば、タイ人（あるいはタ

イ在住のラオ人）だった可能性がある。そうだとすれば、このマノフォンが自分の名前をタイ文字でなく、明らかに書き慣れたローマ字で書いたこと、それから筆で書いたことは、日本に住み慣れ、かなり教養のあった人で、イギリス商館のスタッフと付き合いがあったことを物語っているのではないだろうか。イギリス商館は一六二三年に閉館したので、その前に商館の関係者に寄贈したこととなるだろう。そうでなければ、日本から直接にシャム在住の日本人▲に送られ、シャムのイギリス商館関係者に寄贈されたとも考えられる。しかし、その書き入れが人名でなければ、マノフォンとは「舞《まい》の本」、つまり幸若舞《こうわかまい》の本をローマ字で表そうとした書き方ではないかと法政大学の山中玲子先生が指摘した。当時の在日イギリス人のローマ字表記が出《で》鱈目《たらめ》になっていたことは事実だから、有力な指摘と言える。そうだとすれば、書き入れの筆者（イギリス商館の関係者）が謡本を舞の本と間違って書いたことになるだろう。

　いずれにしても、ケンブリッジ、オックスフォード、ダブリンの一連の書物はもともと、イギリス商館の関係者がイギリスまで持って帰ったに相違ない。その後どうなったのかを物語る資料がなくて、残念としか言えない。いうまでもないことだが、十七世紀のイギリスには、これらの本が読める人が一人もいなかったのだ。このことは、実はケンブリッジ大学所蔵の『吾妻鏡』の表紙が雄弁に物語

一六九七年に……　Edward Bernard, *Catalogi librorum manuscriptorum Angliae et Hiberniae in unum collecti cum indice alphabetico* (Oxford, 1697) p. 151.

一六二一年に……　『イギリス商館長日記　訳文篇』下巻八七三頁。日本とタイとの関係史については、三木榮著『日暹《にっせん》交通史考』（古今書院、一九三四年）および『徳川時代の日暹国交』（東亜経済調査局、一九三八年）が詳しいが、マノフォンの名前も在日タイ人のことも書いていない。

シャム在住の日本人　タイのアユタヤ市に十四世紀から日本人町が存在し、江戸初期には数千人が住んでいたと考えられる。

半革表紙　ボール紙の表紙の背の部分と角の部分を皮革で覆った装丁。

彼は三回ほど……　Anthony Farrington. *The English factory in Japan, 1613-1623* (British Library,

っている。もともとの日本の表紙はすぐはずされ、ヨーロッパ式の半革表紙▲が代わりにつけられた。ヨーロッパの本と同じように、その背表紙（つまり本棚に縦に並んでいるときに見える部分のこと）に「Liber Sinensis Manuscriptus」という文字が書いてある。それはラテン語で、「中国の手書きの本」という意味である。実際は、中国のものではなく、また写本でもないので、「本」に該当する言葉だけが当たっているという滑稽な結果となる。その本の持ち主が、日本の本だと分からなかったのは、古活字版『吾妻鏡』が漢文で書かれているから、中国語の本と誤解しても全然おかしくない。それから、オックスフォードの嵯峨本三点の書き入れと同様、日本の写本と刊本との区別もつかなかったのである。十七世紀のイギリス人が、なぜ写本と刊本を区別できなかったのだろうか。それは中国とか日本という、いわゆる極東の地に、まさか印刷という技術などないと思い込んでしまっていたためではないだろうか。ちなみに付け加えるが、コックス自身は印刷という技術が日本で利用されていることはじゅうぶん認識していた。まず、先に触れたように、彼は日記に「印刷された日本の本」と明確に書いた。また、コックスが一六一四年十二月に書いた書簡が証明しているように、日本の印刷技術をイギリスの知り合いに評価してもらうために、彼は三回ほど日本で印刷された暦《こよみ》をイギリスへ輸送したのである。▲コックスは一六二三年に日本を発《た》って、帰路に死んだので、書物など持って帰ることはなかったが、日本から暦をイギリスまで発送していたことは事実だから、『吾妻鏡』や嵯峨本の謡本も発送した可能性はじゅうぶんあるのではないだろうか。それでも、その五十四冊の代価をほとんど全部支払った、一六二三年に生きて帰国したイートンのことを見逃してはいけない。イートンが持って帰ったのだろうか。

平戸のイギリス商館はたった十年間の営業を終え、一六二三年に閉鎖した。その十年のあいだ、いくつかの本がイギリスへ持ち込まれたことは右に述べたとおりである。しかし、当時の日本には、イギリス人だけでなく、オランダ人、ポルトガル人、スペイン人など、数多くのヨーロッパ人が滞在していた。イギリス人のみが日本の書籍を持って帰ったとは考えられない。それにもかかわらず、十七世紀に持ち込まれた書籍はイギリスとアイルランドに所蔵されているものしか知られていない。まだどこかに眠っている本があるかもしれない。

3　ケンペルの日本書籍蒐集

江戸時代の日本は、「鎖国」という言葉が示すとおり、閉鎖された社会と考えられているが、実際は、書物が海外へ流れる隙間がじゅうぶんにあった。一つの

1991) vol. 1, pp. 251, 254, 259-60. 宛先はそれぞれオランダのミッデルベルグ市在住のイギリス商人仲間、元の船長セーリス、およびソールズベリー卿（ウィリアム・セシル、二代ソールズベリー伯爵）。コックスはソールズベリー卿へ武鑑《ぶかん》のようなものも送ったが、ソールズベリー卿代々の邸宅ハットフィールド・ハウスの図書室にはコックスが送付した武鑑や暦はない。ただし、オックスフォード大学付属ボドリアン図書館に『慶長十九年［一六一四］暦きのへとらのとし凡《およそ》三百五十二ケ日』というタイトルのものがあり、この暦は前年の一六一三年に刊行されたはずなので、ちょうどイギリス商館の設立年の年末に出たことになる。残念ながら書き入れはないので、誰の手を通ってイギリスに届いたのかは分からないが、イギリス商館の関係者に相違あるまい。なぜかというと、この暦は一六四五年に処刑されたウィリアム・ロード大主教の旧蔵書で一六四五年以前にイギリスに届いたことになるからである。

隙間が朝鮮半島南部の釜山《プサン》にあった「倭館《わかん》」という施設だった。その「倭館」とは、対馬《つしま》藩主の宗《そう》氏▲がコントロールしていた貿易施設だったが、同時に朝鮮の書籍が日本へ流れ、また日本の書物が朝鮮へ渡る窓口でもあった。日本の書籍は漢文の儒学書なら、いうまでもなく朝鮮でも通用する。特に思想家の伊藤仁斎《いとうじんさい》の作品が朝鮮に入って高く評価されていたようだ。

釜山の倭館とは別に、長崎の出島《でじま》にオランダ商館というオランダ東インド会社経営の貿易施設があった。江戸時代を通じて、歴代オランダ商館長が出島滞在の期間中、書籍を買い集めて海外へ持って行ったケースが少なくないが、江戸時代初期の詳しいことは分からない。一六七〇年代にヨハネス・カンフファイスという人物が三回ほど商館長を務めたせいか、かなり日本贔屓《びいき》となり、バタヴィア▲の自宅を和風建築にし、日本庭園をこしらえ、食事も和食だったが▲、日本の書籍を所有していた証拠はない。しかし、一六七四年に来日した医師ウィルレム・テン・ライネ▲という人物は、日本の医学のことをヨーロッパに紹介したことで知られている。また、後述するド・ヤーガーというオランダ人の記録によれば、テン・ライネは日本の武鑑《ぶかん》（大名や幕府役人の氏名・石高・俸給・家紋などを記した年鑑形式の紳士録）や道案内書を所有していたらしい。

元禄年間に来日したドイツ人のエンゲルベルト・ケンペルの場合、記録だけで

宗氏　中世から明治維新まで守護・戦国大名・近世大名として対馬国を支配した氏族。対馬は山が多くて耕地が少ないので、古くから朝鮮との貿易を中心にしていた。江戸時代に入って朝鮮との交易独占が江戸幕府に認められ、宗氏の資格は対馬府中《ふちゅう》藩の藩主となった。

バタヴィア　ジャワ島の西部の北岸に位置するインドネシアの首都ジャカルタのオランダ植民地時代の名称。

カンフファイスの日本趣味　拙稿 'European japanology at the end of the seventeenth century', *Bulletin of the School of Oriental and African Studies*, vol. 56, 1993, p. 510.

ウィルレム・テン・ライネ　特に鍼《しん》灸《きゅう》術をヨーロッパに紹介したことで知られている。詳しいことはヴォルフガング・ミヒェル「16～18世紀のヨーロッパへ伝わった日本の鍼灸」（『全日本鍼灸学会雑誌』六一巻二号、二〇一一年）。

図5　ケンペルの手稿中の書籍名リスト。「大京図」と「王代記」は日本人（？）が筆で書いたが、「節用集」や「御成敗式目」はケンペルがペンで書いた。『ドイツ人の見た元禄時代——ケンペル展』（ドイツ・日本研究所、1990年）、44頁による。

はなく、彼の旧蔵の書籍までが残っている。ケンペルは医師としてオランダ東インド会社に入社し、元禄三年（一六九〇）に出島のオランダ商館に到着した。二年間の出島滞在中、植物、医学など、日本の事情を多方面にわたって調査し、帰国してから日本で経験したことなどを纏《まと》めて、『江《え》戸《ど》参府《さんぷ》旅行日記《りょこうにっき》』などを書いた。ケンペルは日本滞在中、いろいろな書籍を買い集め、彼の旧蔵書は現在、ロンドンの大英図書館に保存されている。ケンペル著『日本誌』の自序によれば、書籍蒐集《しゅうしゅう》の関係で、侍僕の今《いま》村源《むらげん》右衛《え》門《もん》という日本人にだいぶお世話になった、とある。どのような書籍を買い集めたかといえば、『百人一首《ひやくにんいっしゅ》絵抄《えしょう》』（延宝《えんぽう》元年（一六七三）刊）のような絵入り本、道案内書の『道中記《どうちゅうき》』（貞享《じょうきょう》三年（一六八六）刊）、『家内重《かないちょう》宝記《ほうき》』（元禄二年刊）のような教訓書、『京大絵図《きょうおおえず》』（貞享三年刊）およびその他の地図など、数十点にのぼる。ケンペル自筆の書き入れが確認できるものも含まれている。なお、大英図書館に所蔵されているケンペルの手稿のなかに、彼が日本書籍の書名を挙げたリストが載せられている（図5）。そのリストに出てくる『御成敗式目《ごせいばいしきもく》』のケンペル旧蔵本には、侍僕の今村源右衛門の名前と花押《かおう》が見えるから、この本は今村がケンペルに譲ったようである。

4　ケンペル以降の日本書籍蒐集

出島のオランダ商館は、ケンペルの時代にはすでに日本書籍の海外流通の出発点となっていたことは右で見てきたとおりである。そのため、出島へ行かなくても、日本の書籍を入手することがヨーロッパで可能になっていた。それをあるオランダ人の書簡が証明してくれる。そのオランダ人とはハーバート・ド・ヤーガー▲というオランダ東インド会社の社員で、ライデン大学で東洋の言語を勉強してから入社した。その後、彼は、一時はペルシアで活躍したが、一六八七年以降はずっとバタヴィアにあったオランダ東インド会社で仕事をしており、当時は東洋の言語なら何でも流暢《りゅうちょう》にしゃべる、との評判だった。ド・ヤーガーは一度も日本へ来なかったようだが、当時のバタヴィアには出島のオランダ商館の経験があっ

▲ハーバート・ド・ヤーガー　Herbert de Jager（一六三六―九四）。

取り寄せ希望リスト　ド・ヤーガーのリストのオランダ語原文と英訳は前掲拙稿 'European japanology at the end of the seventeenth century' 所収。

た人は少なくなかった。いずれにせよ、彼は日本についての情報や書籍などが欲しくて、わざわざ出島のオランダ商館長在任中のヘンドリック・ヴァン・ブイテンヘムという人物へ情報や書籍を依頼した書簡を寄せた。

ド・ヤーガーが日本と日本語のことに対してすこぶる好奇心を持っていたことはこの書簡が証明しており、次のようなものを取り寄せてほしいと記している▲。

1　日本語の言葉を百ぐらい書いた単語表（ローマ字で発音と意味を明記すること）

2　出島のオランダ商館に保管してある契約書、掲示、文書など（オランダ語訳もつけること）

3　暦

4　年中行事のことを書いた本

5　宗教関係の行事と儀式のことを書いた本

6　こちら［バタヴィアのこと］のシーモンシェ氏が持っていると同じような日本の歴代天皇のことを書いた本

7　日本の薬草を書いた絵入り本

8　日本の天皇、大名、役人などの役目を説明した本

9　テン・ライネ氏が日本で入手したと同じような日本の上流社会の紋所などを書いた本［武鑑のことだろう］
10　日本の法律、触れ書きなどを書いた本
11　日本の地理学書（これは次の二点と同じように、ニコラス・ヴィツェン殿の参考になるだろう）
12　テン・ライネ氏が入手したと同じような長崎・江戸間の案内書
13　長崎・江戸間の道案内地図
14　蝦夷《えぞ》、朝鮮などの地理と民俗を書いた本

その他、日本の貨幣などの情報も依頼した。なお、上の11番から14番までの場合は、後述するニコラス・ヴィツェンというオランダ人に進呈するつもりで依頼したらしい。残念なことに、この書簡を受領した商館長がどう対応したかが分からない。真面目にこれらの書物を買い集め、バタヴィアのド・ヤーガーまで送ったのだろうか。ド・ヤーガーは生存中、膨大な手稿などを大事にしていたようだが、その死後、行方不明となったのは遺憾である。

さて、上記のリストにニコラス・ヴィツェンという人物の名前が出てきた。ヴィツェンは、なんと十三回もアムステルダム市長を務め、駐英大使を経て、オラ

ヤン・ポトツキ　Jan Potocki（一七六一―一八一五）はポーランドの貴族で、古代エジプトの研究者、旅行者、言語学者。いまは主に千夜一夜物語風小説『サラゴサ手稿』の著者として知られている。

『七いろは』　著者蔵。パリの国立図書館にも酷似するものが所蔵されている。

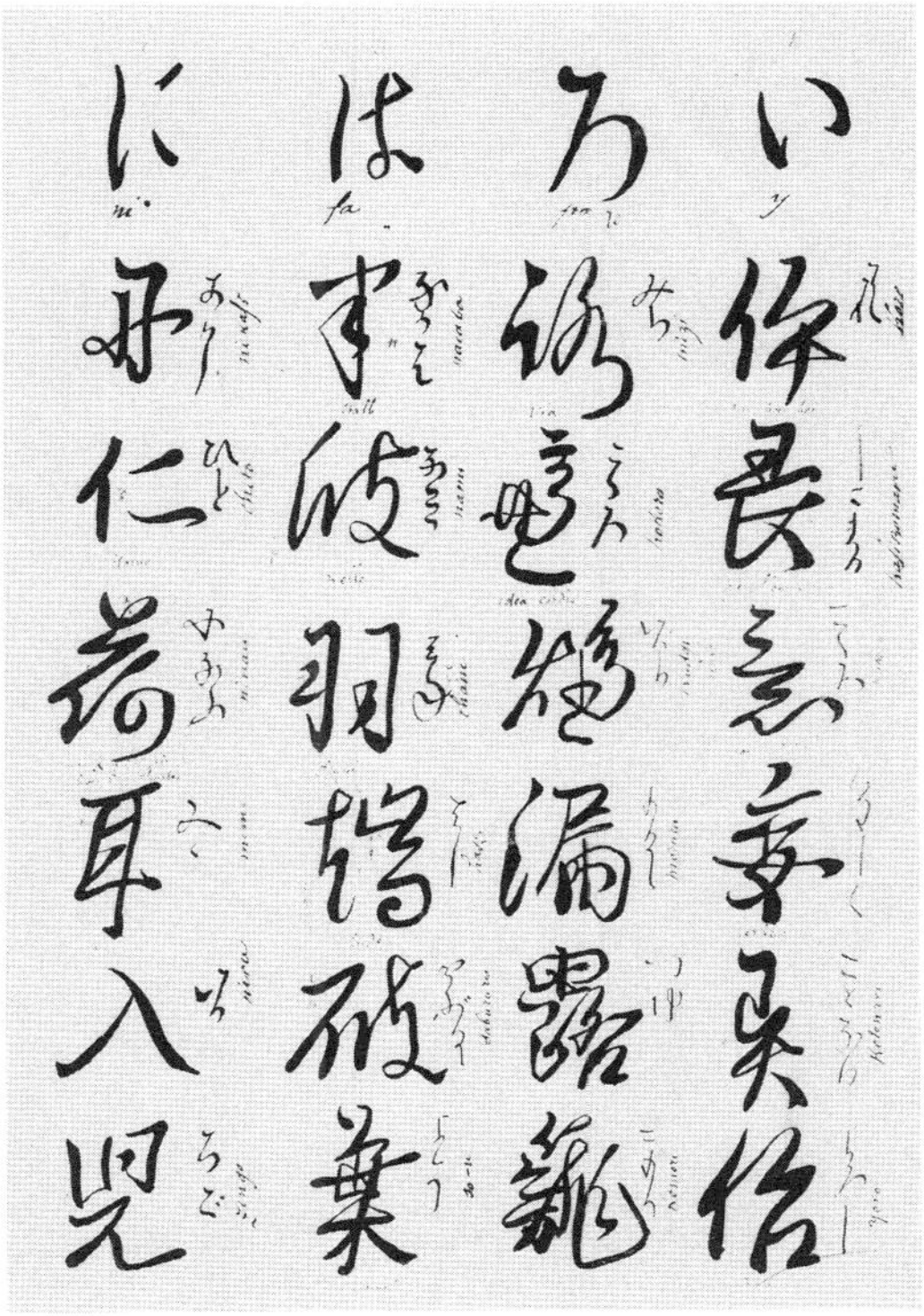

図6　『七いろは』をヨーロッパで写した写本。各字に振り仮名およびそれをローマ字で表した書き入れがある。たとえば左端の行の「耳」字の場合、「mimi」と書いてあるのは合っているが、「児」字の場合は「ちご」と振ってあるのにローマ字は不思議に「zengo」となっている。

ンダ東インド会社の取締役となった。そのうえ、地理学、地図学、造船学など、知識の幅が非常に広いインテリでもあった。ド・ヤーガーはその弟子で、ヴィツェンのサポートなしではライデン大学に入学したり、オランダ東インド会社に入社したりすることは難しかったろう。ド・ヤーガーがわざわざ日本の書籍をヴィツェンに送ろうとしていたのは、ヴィツェンもかなり日本語に対して興味を持っていたことを暗示している。ひょっとしたら日本語を勉強していた可能性もある。

これについてはこれから考察していこう。

一八〇六年にヤン・ポトツキ▲というポーランド人が手書きの『七《ななつ》いろは▲』という簡単な仮名の教科書を所有していた（図6）。この『七いろは』はしかし、日本から持ってこられたものでなく、西洋人が手書きで写したものだ。誰が写したのかは書いてないが、「この日本のアルファベット本はヴィツェンによって書写され、のちにベルリンのアンドレアス・ムレルまで送られたと思う。私はシベリアまで持って行って、一八〇六年にニコライ・コロチギンという日本人と一緒にこの教科書を読んだ」というポトツキ自筆の書き入れがある。アンドレアス・ムレルというドイツ人やニコライ・コロチギンという日本人については後述するが、この『七いろは』の写本にはもう一つ不思議な書き入れがある。それは第一頁の「京都で購入した日本のアルファベット本」という意味のオランダ語だ。写本の用紙がフランス紙だし、書写したのもヨーロッパ人だから、京都で買ったとは考えられない。むしろ、オランダ商館の関係者が京都で、日本で印刷された原本を購入したときに書いた書き入れを、ヴィツェンが写したと思われる。ということは、その原本がヨーロッパまで持ち込まれ、ヴィツェンがそれを書写したことになる。つまりヴィツェンが写した原本は現存しないようだが、書写のほうが残ったのだ。

さて、右記のアンドレアス・ムレルというドイツ人は日本の書籍とどのような関係があったのだろうか。ムレルは、一六六一年に初めて一般公開されたブランデンブルク選帝侯の私立図書館（現在のドイツ国立図書館の前身）の中国書籍をたよりに、中国語を中心に研究していた。ただし、日本のことも調査していたらしい。一六八四年に『日本語のアルファベット』という小冊子を出版したようだ。これは現存しないが、彼の「日本語の音節文字」は現存する（図7）。ムレルはこの「日本語の音節文字」の出典を「都の写本から」と断り、右記の『七いろ

ムレルの日本学　Sven Osterkamp, 'The Japanese studies of Andreas Müller (1630-1694)'（『京都大学言語学研究』第二九巻、二〇一〇年）が詳しい。

は』をもとにした写本を参考にしたらしい。それを裏付けるかのように、ムレルの旧蔵書目録には確かに「都で購買された日本語アルファベット本」が確認できる。▲ムレルは実際の日本の書籍を見ていないと推測されるが、日本の書籍を写した写本は間違いなく見たと言えよう。

最後にアドリアン・レランド▲というオランダ人に触れなければならない。レランドは中近東の諸言語に達者で、ヨーロッパ人として初めてイスラム教を丁寧に説明したことで有名だが、中国語と日本語にもチャレンジした。彼の著書のなかに日本語の説明が書いてあり、そのなかに次のような例文が見える。

兄弟　Frater［ラテン語＝兄弟（単数形）］　ani［アニ］　vototo［ヲトト］

アドリアン・レランド　Adriaan Reland（一六七六—一七一八）は、地理学者としても知られている。日本語に関する説明は彼の *Dissertationum miscellanearum partes tres* (1706-1708) vol. 3, pp. 103-119.　蔵書目録は *Catalogus Codicum Manuscriptorum Arabicorum, Persicorum, Malaicorum, Sinicorum, Japonicorum aliorumque, nec non librorum quorumdam Slavonicorum, Illyricorum, Russicorum etc.* (1761).

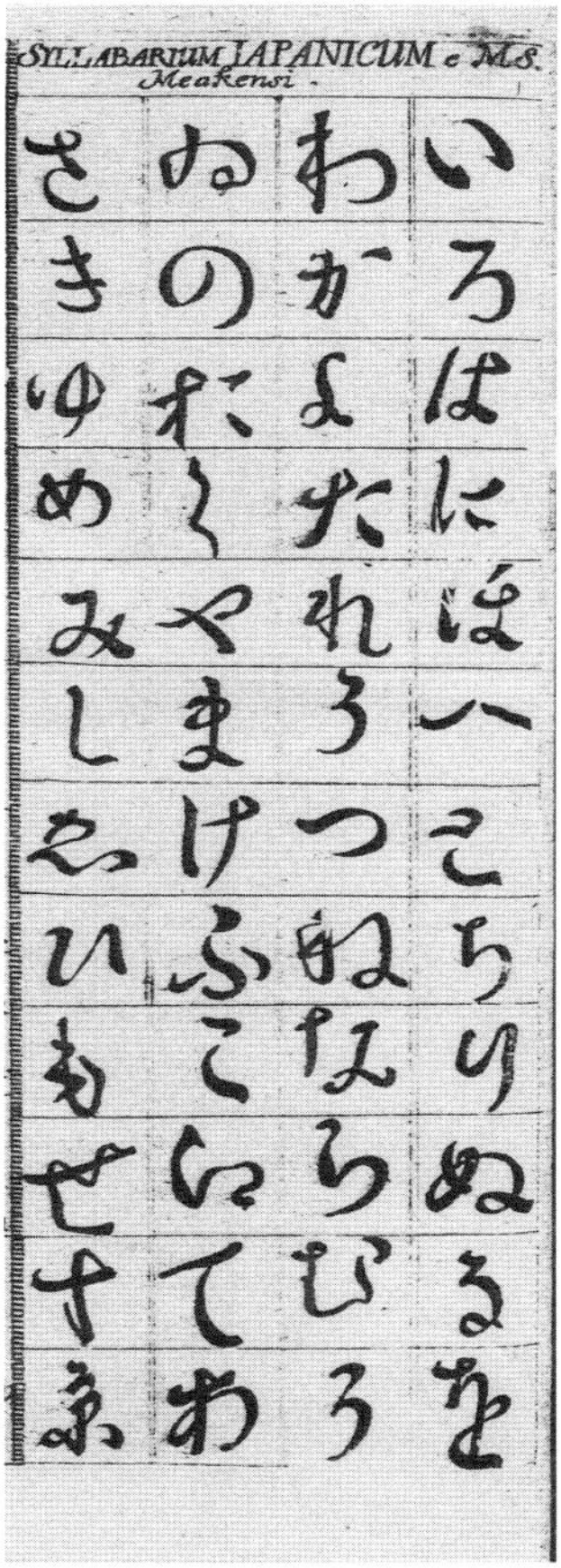

図7　ムレルの「日本語の音節文字」（17世紀末成立）。上の「e MS Meakensi」（都の写本から）中の「Meakensi」は「みやこ」をラテン語形容詞化した言葉。

レランドは平仮名などの日本の文字のことをあまり知らなかったようであるが、日本の書籍は確かに持っていた。彼の死後にその蔵書目録が出版され、アラビア語、ペルシア語、マレー語、中国語だけでなく、日本語の書籍も含まれていた。この目録は海外で出版されたもので、日本の書籍をリストアップした最初のものと考えられる。レランドが所有していた書籍自体は出島からオランダ商館関係者に持ち帰られたに相違ないが、あとで、直接に、あるいは別人の手を通って、レランドの蔵書に入ったものだろう。

これまで見てきたとおり、十七世紀初頭にイギリスへ流れた書籍は、当時のイギリスでは中国の書籍と間違えられ、無視されてしまった。それは十七世紀のイギリス人には、日本や日本語に対する興味とか好奇心を持っていた人がいなかったからである。ただし、ヨーロッパ本土のほうでは、日本の元禄時代にあたる十七世紀末になると、日本や日本語に対する好奇心が高まってきていた。最初は出島のオランダ商館の関係者に限られていたが、時代が下がるにつれ、ニコラス・ヴィツェン、アンドレアス・ムレル、アドリアン・レランドのように、アジアへ渡航せずに日本の書籍を興味深いものと見ていた人が現れるようになったのである。

二▶日本書籍の海外流通史
——ペリー来航前夜まで

1　漂流民大黒屋光太夫の蔵書の行方

日本の書籍がヨーロッパまで流れるルートとしては、長崎のオランダ商館はすでに触れたが、もう一つのルートは、海外へ漂流して行った日本人水夫たちだった。漂流民としては、有名な大黒屋《だいこくや》光太夫《こうだゆう》▲らが天明二年（一七八二）にロシアの東海岸沖のアリューシャン列島に漂着して、のちにロシアの首都サンクトペテルブルクまで行った話はよく知られている。光太夫は、遭難したとはいえ、なんとかして十数点の書物を、無事にサンクトペテルブルクまで持って行った。そこでロシア皇帝エカチェリーナ二世に拝謁し、蔵書のなかから九点を皇帝に贈呈した。皇帝はそれらの書物をのちにサンクトペテルブルクの科学アカデミーに寄贈したので、光太夫の旧蔵書はいまもサンクトペテルブルクの科学アカデミーの東洋学院に保存してある。

大黒屋光太夫　一七五一—一八二八。伊勢出身の運輸船の船長。乗り合い水夫十五人と一緒に暴風にあい、七ヶ月も漂流したあげく、アリューシャン列島に漂着。一七八九年にやっとイルクーツクに到着し、その後、首都サンクトペテルブルクへ行き、そこで一七九一年にロシア皇帝エカチェリーナ二世に帰国の許可を得た。

東洋学院には、その他にも、ほぼ同じ時期に寄贈された日本書籍が所蔵されている。一部は光太夫の残りの蔵書で、もう一部はヨハン・シュトゥツェルというスウェーデン人が寄贈したものである。シュトゥツェルは出島のオランダ商館の医師として日本に滞在した人物で、蘭学者の司馬《しば》江漢《こうかん》▲とも付き合ったらしい。日本滞在中、彼が瀬戸物、青磁、漆工芸品、金銀銅の貨幣、書籍、地図など、膨大なコレクションを集め、その一部をエカチェリーナ二世に発送して寄贈した。

光太夫は、江戸へ向かって出航した天明二年に、なぜそれほどたくさんの本を持っていたかが分からない。読書マニアだったのか、それとも江戸にしばらく滞在するつもりだったのでお気に入りの書物を持参したのだろうか。その問題はさておき、光太夫の旧蔵書▲は、浄瑠璃本、地図（日本全国図、江戸図、京都図、大坂図）、小説、節用集、解剖の本、西国三十三所巡礼の案内書など、相当なバラエティがある。その本のなかには光太夫自筆のロシア文字書き入れが確認できる。たとえば、『源平《げんぺい》曦《あさひ》軍配《ぐんばい》』（宝暦六年（一七五六）刊）という浮世草子（江戸中期の小説）の前表紙見返しに「日本人大黒屋光太夫に［所有されている］」という意味のロシア文字が書いてある（図8）。この書き入れは、最初の言葉がロシア語の「日本人」に当たる言葉の名詞与格形▲になっているので、光太夫がロシア文字だけではなく、ロシア語の文法も詳しかったことを証明している。ちなみに、『源

司馬江漢　一七四七―一八一八。絵師としても活躍し、特に洋風画が有名。

光太夫の旧蔵書　光太夫の旧蔵本とその由来については、О.П.Петрова, ‘Коллекция книг Дайкокуя Кодаю и её значение для Русско-Японских культурных связей’, *История, культура, языки народов Востока*, Moscow, 1970 が詳しい。

与格形　動詞の間接目的を表すので、日本語の場合、「名詞＋に」に該当する。

平曦軍配』の原本は、日本でも東北大学附属図書館の狩野《かのう》文庫に所蔵されている一本だけしか知られておらず、珍本となっている。ロシアの科学アカデミーにもう一本が現存していることは光太夫のおかげだ。

もう一つ、光太夫の旧蔵書で珍本となっているのが『森鏡邪正録《もりかがみじゃしょうろく》』という写本

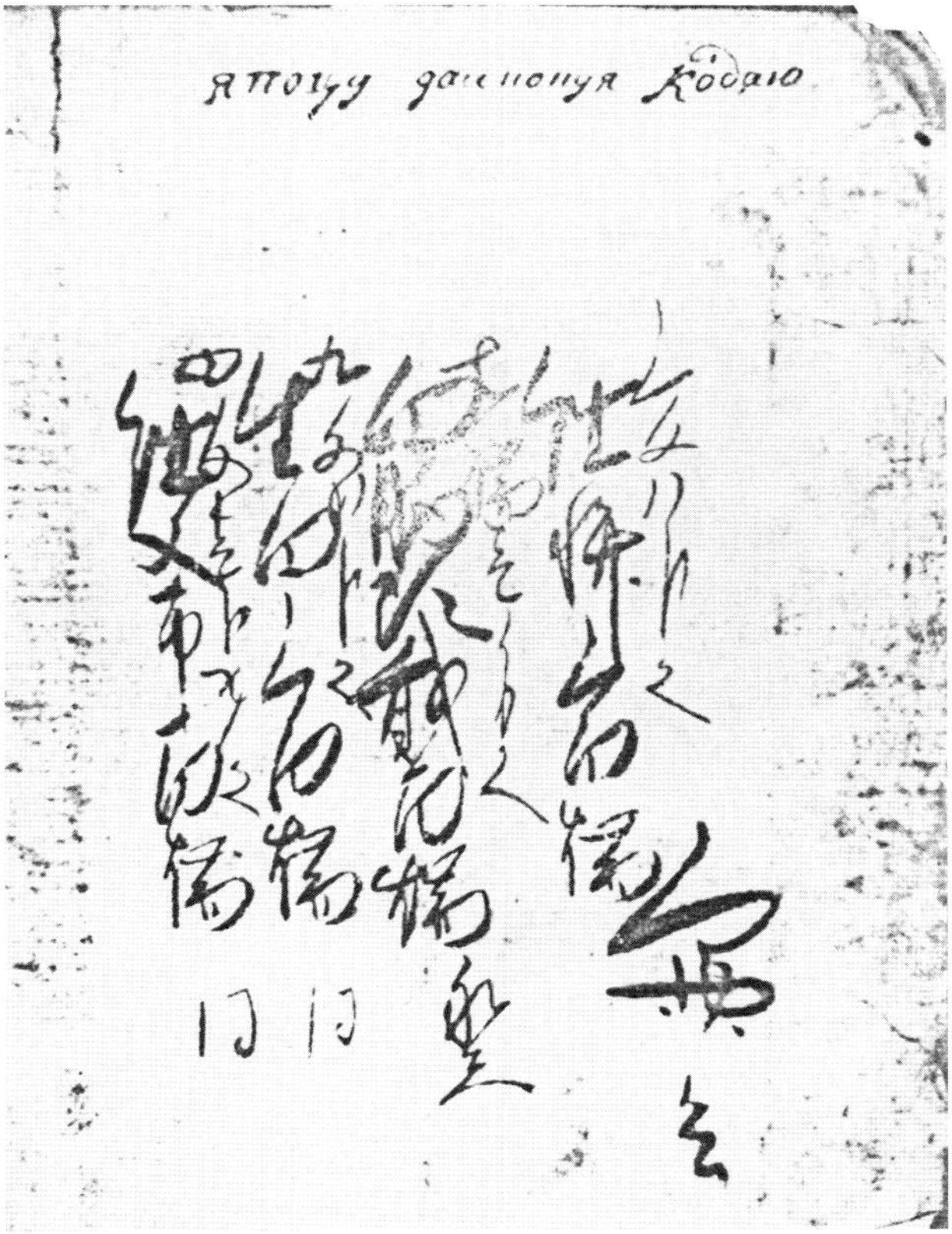

図8　『源平曦軍配』の前表紙見返しに見える大黒屋光太夫の自筆ロシア文字。О.П.Петрова, В.Н.Горегляд, *Описание японских рукописей, ксилографов и старопечатных книг*, vol. 6 (Moscow, 1971), p. 187による。

で、これと同じタイトルの本は日本に現存しないようだ。これはいわゆる実録体小説、つまりお家騒動などのスキャンダルを土台にして小説風に書かれたものだ。当時はこのような写本が「実録」、あるいは「実録物」と言われていた。実録体小説というのは、内容が幕藩体制の政治と関係するので、江戸幕府にとっては、印刷はもちろん、書写・流布も好ましくないと見られ、禁書扱いされていた。それでも読者からの要求があったので、貸本屋から借りたり、本屋からこっそり買ったりすることが一般的だった。幕府の目《め》付《つけ》などに発覚しないように、実録体小説のタイトルは一定せず、また内容をはっきり反映しない曖昧なタイトルになっているものが多い。『森鏡邪正録』の場合もそうで、『安永《あんえい》森鏡邪正録』（国文学研究資料館蔵）、『安永森鏡』（『近世実録全書』所収）、『森鏡騒動明伝記《もりかがみそうどうめいでんき》』（宮内庁書陵部蔵）のように、タイトルがばらばらになっている。光太夫旧蔵の『森鏡邪正録』も、右記の作品と同じように、幕府に仕えていた森氏のお家騒動の話をテーマにする実録体小説だ。タイトルの「森鏡」とは、主人公・森新三郎の「森」とその継母・鏡態院《きょうたいいん》の「鏡」を合わせた言葉で、内容にヒントを与える。この森騒動▲というのは、安永四年（一七七五）に決着がついたスキャンダルで、新三郎は閉門という監禁刑、鏡態院は遠島刑、また家来たちもいろいろ罰せられたようだ。ところで、この『森鏡邪正録』にも光太夫がロシア文字で自分の名前を書いてお

森騒動　竹内秀雄校訂『泰平年表』（続群書類従完成会、一九八九年）一三八頁。

り、また「大日本に有《ある》勢州川曲《かわわ》郡白子《しらこ》［村］大黒屋光太夫」など、日本語の書き入れもしている。

2　ロシアの日本書籍蔵書目録

ロシアでは、一七九八年に『サンクトペテルブルク帝国アカデミー図書館所蔵中国・日本・蒙古・チベット書籍目録』という目録▲が作成された。一度も印刷されず写本のまま伝わっているこの目録には、光太夫やシュトゥツェルなどが寄贈した書物がロシア文字でリストアップされている。しかし、作成された当時は、日本人の漂流民以外、これらの書籍を読む能力を持っているロシア人は相変わらず一人もいなかった。ということは、実はロシアにすでに日本語学校▲ができていたが、教師は漂流民の水夫たちで、学生も熱心でなかったらしいので、片言ぐらいのレベルを超えなかったと考えられる。

二十年経った一八一八年に『サンクトペテルブルク帝国科学アカデミー図書館所蔵中国書籍および日本書籍目録』というものが活字になった（図9、10）。この目録には二十九点の日本の書籍が含まれているが、漢字はもちろんなく、ロシア文字のタイトル読みもなく、ただ内容をロシア語で簡単に説明した文章だけであ

目録　タイトルは *Catalogus librorum Sinicorum, Japonicorum nec non Mongolicorum Tibeticorum in Academia Imp. Petropolitanae bibliotheca qui asservatur* というラテン語。

ロシアの日本語学校　漂流民の日本語教育活動については関正昭著『日本語教育史研究序説』（スリーエーネットワーク、一九九七年）や石黒寛「ロシアにおける最初の日本語学校」（『日本語教育』第六〇巻、一九八六年）参照。

る。たとえば図10の上に見える一番目の項目は「ドイツ語から日本語に翻訳された解剖書、人間の内臓を描いた図がある、五巻、一冊、きれいに印刷された」という意味のことしか書かれていない。この本は紛《まぎ》れもなく『解体新書《かいたいしんしょ》』という画期的な解剖書にほかならない。『解体新書』は『ターヘル・アナトミア』という、ドイツ人医師ヨーハン・アーダム・クルムスの解剖書のオランダ語訳を蘭学者・杉田《すぎた》玄白《げんぱく》▲らが漢文に翻訳したもので、安永三年（一七七四）に刊行された。

目録のロシア語の説明が詳しいので最初の項目は『解体新書』に相当すると断

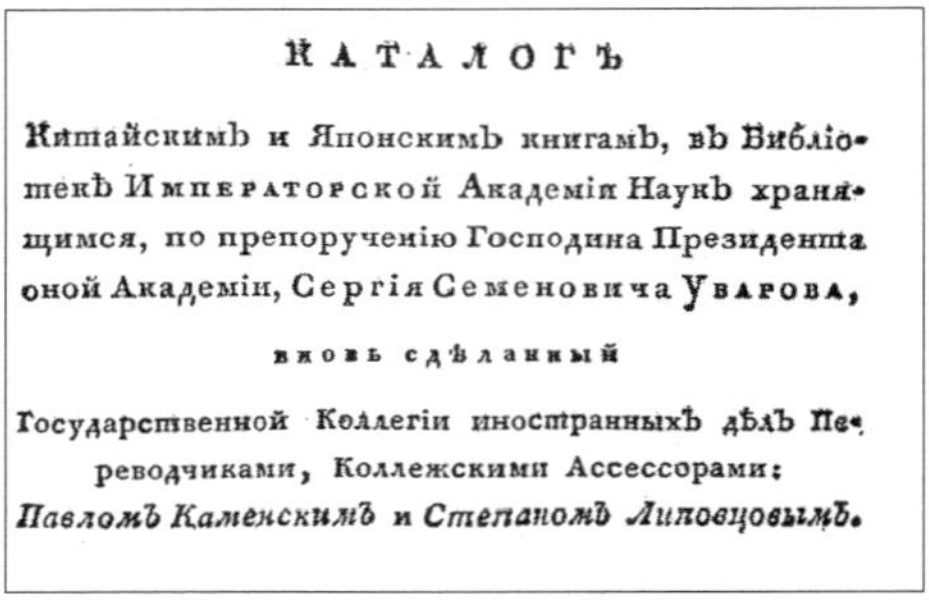

КАТАЛОГЪ

Китайскимъ и Японскимъ книгамъ, въ Библіотекѣ Императорской Академіи Наукъ хранящимся, по препорученію Господина Президента оной Академіи, Сергія Семеновича Уварова,

вновь сдѣланный

Государственной Коллегіи иностранныхъ дѣлъ Переводчиками, Коллежскими Ассессорами:

Павломъ Каменскимъ и Степаномъ Липовцовымъ.

図9　1818年に刊行された『帝国科学アカデミー図書館所蔵中国書籍および日本書籍目録』の冒頭。

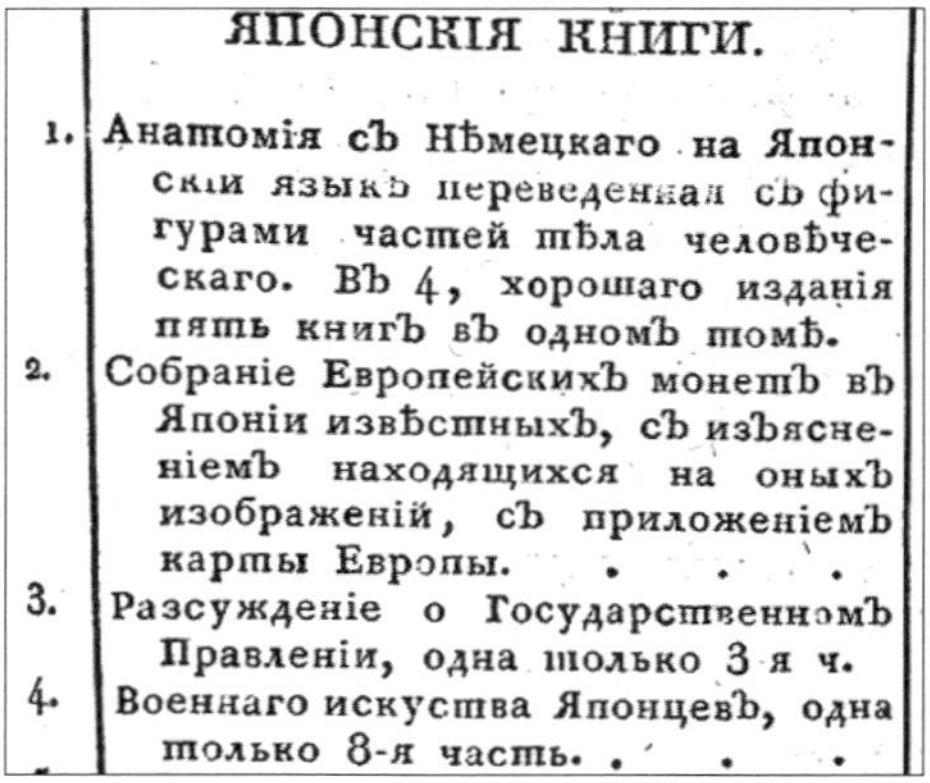

ЯПОНСКІЯ КНИГИ.

1. Анатомія съ Нѣмецкаго на Японскій языкъ переведенная съ фигурами частей тѣла человѣческаго. Въ 4, хорошаго изданія пять книгъ въ одномъ томѣ.
2. Собраніе Европейскихъ монетъ въ Японіи извѣстныхъ, съ изъясненіемъ находящихся на оныхъ изображеній, съ приложеніемъ карты Европы. . . . .
3. Разсужденіе о Государственномъ Правленіи, одна только 3-я ч.
4. Военнаго искуства Японцевъ, одна только 8-я часть. . . .

図10　『帝国科学アカデミー図書館所蔵中国書籍および日本書籍目録』の日本部の最初の４項目。

杉田玄白　一七三三―一八一七。小浜藩医を務めたが、江戸の町医者の経験もあった。オランダ商館の一行が江戸へ参府したときオランダ人と付き合い、解剖書『ターヘル・アナトミア』を購入した。晩年に『蘭学《らんがく》事始《ことはじめ》』という回想録を執筆した。

フランス語の目録　十九世紀のロシアの上流階級はほとんどフランス語ばかりの生活だった。ロシア語は子供や召使と話すときだけ使っていた。目録のタイトルは *Catalogue des manuscrits et xylographes orientaux de Bibliothèque Impériale Publique de St. Pétersbourg* (Imprimerie de l'Academie Impériale des Sciences1852)。

定できる。その他はそう簡単につきとめるわけにいかない。たとえば四番目の項目は「日本人の兵法、第四巻一冊のみ」としか書いていないので何の本なのかさっぱり分からない。目録の編者がこれらの本の内容を簡単に説明できたのは、日本語の文章が読めるのではなく、図版を頼りにしたり、漂流民にロシア語の説明を頼んだりしたのだろう。

G. Linguistique.

DCCCLXX.

Exercices dans la langue japonaise, par Nicolaï Kolotyghin maitre au gymnase d'Irkoutsk, de l'année 1809; reliés à l'européenne; in-fol. Msc. *(Sokol.)*

H. Polygraphie.

DCCCLXXI.

Ven lin dsé yung bi khaï ganmou, Encyclopédie du savoir japonais, avec des gravures; reliure européenne; 1 vol. in-4°.

DCCCLXXII.

Bovan dsé yung bao laï dsang, Encyclopédie japonaise avec des gravures et une carte du Japon; reliure européenne; 1 vol. in-4°. *(Bould.)*

図11　『サンクトペテルブルク帝国公共図書館所蔵東洋写本・木版本目録』。下から２番目が『文林節用筆海綱目』に該当する。一番上の項目がニコライ・コロチギンという日本人による手書きの日本語教科書という不思議なものだが、これについては後述する。

一八五二年に『サンクトペテルブルク帝国公共図書館所蔵東洋写本・木版本目録』というフランス語の目録▲が出版された（図11）。帝国公共図書館（いまのロシア国立図書館の前身）は帝国アカデミーと関係がなく、一応、一般公開の施設となっていた。まだ日本開国以前なので、日本書籍は二十点足らず。これらの書籍ももともと漂流民が持ってきたものでなければ、出島のオランダ商館の関係者がヨーロッパへ持っていったものにちがいない。不思議なことに、書名のローマ字表記は確かに備えてあるが、中国読みとなっている。幸いにも巻末に漢字表記が付されている。たとえば、図11の下から二番目はタイトルの中国読みローマ字表記のあと、「日本の絵入り百科事典、洋装本、一冊」と説明されているが、巻末の漢字表記を見ればこれは『文林節用筆海綱目』（延享四年（一七四七）刊）のことである。その他、『新道中鑑』（元禄四年（一六九一）刊）という日本に伝本がない道案内書の特小本があり、「日本の江戸市」という意味のラテン語の書き入れがある。いずれも出島を通して日本を離れた本だと思われる。なぜならば前者が洋装本になっており、後者はラテン語の書き入れがあるが、日本人漂流民が洋装本を所有したりラテン語で書いたりすることは考えられないからだ。これらの本は、ヨハネス・ドーンというドイツ人が自分のコレクションを当時の帝国公共図書館に寄贈したもののようだ。ドーンはドイツで大学院を卒業したが、一八三五年以来ロシアで東洋学の教授などを務め、一八四二年にサンクトペテルブルクのアジア博物館（一八一八年設立）の館長となった。出島から持ち出されたこれらの日本書籍は、おそらくロシアへ移転する前にドイツ、あるいはオランダで入手したものだろう。

結局、ロシアの公共図書館にも日本の書籍が所蔵されていたが、それが読めるような能力を持っている読者はまったく予想できなかった。『サンクトペテルブルク帝国公共図書館所蔵東洋写本・木版本目録』のペルシア語書籍の部にはいちいち丁寧に細かい解説がつけられているのに対して、日本書籍の部は物足りない気がせずにはいられない。それは、ヨーロッパに先立って日本語学校が十七世紀には設立されたものの、ロシアの東洋学は古代言語あるいはペルシア語など、中近東およびインドの言語が中心になっていたからだろう。たとえば一八一〇年にロシアで出版された『東洋学院設立の提案』▲という計画書には中国語と満州語は視野に入っているが、ヘブライ語、サンスクリット語、アラビア語、ペルシア語などが中心で、日本語は全然視野に入っていないのである。

3　イサーク・ティチングのコレクション

イサーク・ティチング▲は十八世紀末、オランダ商館長を三回ほど、長きにわたって務めた。日本滞在中に買い集め、ヨーロッパまで持って帰った書籍は相当な量になっていた。一八〇三年に『和《わ》漢三才図《かんさんさいず》会《え》』という膨大な百科事典などをパリの帝国図書館（いまのフランス国立図書館の前身）に寄贈したが、ほとんどの蔵書を死ぬまで離さなかった。彼の遺書により、すべては大英図書館に寄贈されるはずだったが、没年の一八一二年が仏英戦乱中の時期にあたっていたので、寄贈が実行不可能となった。そして残念なことに、結局オークションでばらばらとな

『東洋学院設立の提案』　*Projet d'une Académie Asiatique* (St. Petersburg, 1810).

イサーク・ティチング　Isaac Titsingh（一七四四—一八一二）は一七八四年に日本を発ってから、あいついでインド・ベンガルのチンスラにあるオランダ東インド会社長官、バタヴィアのオランダ東インド会社会計係長などを経て、最後に一七九四—九五年に在清朝オランダ大使を務め、ヨーロッパへ帰った。

ってしまった。

ティチングが日本で購入した書籍は、いまパリのフランス国立図書館、イギリスのマンチェスター大学図書館などに所蔵されている。コレクション全体は幅広い範囲にわたり、たとえば、物事の起源を探った『和漢事始《わかんことはじめ》』（元禄十年（一六九七）刊）、葬式のことを対象にした『二礼童覧《にれいどうらん》』（元禄元年刊）、『新刊雲上名鑑《しんかんうんじょうめいかん》』（公家の名鑑で、公家の氏名・家紋などを記した年鑑）のように、歴史学、植物学、貨幣学、葬式関係など、いろいろな書籍を購入した。だが、ティチングはこれらを実用書として取り扱っていたので、単なる珍しい持ち物では決してなかった。イギリスのマンチェスター大学図書館に所蔵されているティチングの手稿をめくってみれば、『三国通覧図説《さんごくつうらんずせつ》』▲のティチングによる未完オランダ語訳、古銭学者の大名朽木昌綱《くつきまさつな》と一緒に執筆した古銭関係の論文、地理学書や本草学書の部分訳などが見受けられる。ティチングは「日本語のアルファベット」のレベルにとどまらず、翻訳ができるぐらい日本語の読み書き能力が身についていたようだ。だから、朽木昌綱が一七七三年にティチングに献上した自分の著作『新撰銭譜《しんせんせんぷ》』（現在サンクトペテルブルクの東洋学院所蔵）は、ティチングが自筆で書いたノートだらけとなっており、彼が丁寧に原文を読んだことは間違いない。

ティチングはヨーロッパの日本学者の第一号と言われがちだが、そのような議

『三国通覧図説』　朝鮮半島、琉球王国および蝦夷地のことを地図と文章で書いたもので、東アジアの地理書として西洋人に好まれ、ヨーロッパに伝本が多い。

論を別としても、彼はヨーロッパ人として初めて、日本語をある程度マスターし、日本の書籍と首っ引きになり、その語学知識を活用しようとしたことは事実だろう。

4　クラプロートのコレクションと日本人漂流民新蔵との関係

ティチングのコレクションがオークションにかけられたとき、その一部がユリウス・ハインリヒ・クラプロートという人物に購入されてしまった。クラプロートはドイツ人の語学の天才で、まだ高校生だったとき、中国語や漢字を一人で習い、一八〇二年にたった十九歳の若さで『アジア雑誌』というアジアを中心にした雑誌を創刊、それで有名になった。一八〇五年にロシア政府が使節団を中国に派遣した際、彼が参加することになり、途中シベリアのイルクーツクという町で大黒屋光太夫の同僚水夫だった新蔵という日本人に巡り会った。前に触れたニコライ・コロチギンという日本人は、実はこの新蔵のことだったのである。新蔵は大黒屋光太夫らと一緒にイルクーツクに到着してから、もう一人の同僚と二人でロシア正教に改宗したため、死ぬまでイルクーツクに残留することになった。▲一八〇五年の段階では、ロシア生活が長く、すでにロシア人と結婚し、子供三人も

イルクーツクに残留　寛政六年（一七九四）にロシアに漂着した若宮丸の乗組員は、イルクーツクに到着した際、新蔵という日本人がそこに住んでいることを知って驚愕のいたりだったらしい。『環海異聞』および玉井喜作著、*Karawanen-Reise in Sibirien* (Berlin, 1898) p. 135 参照。ちなみに玉井喜作はジャーナリスト・冒険家で、明治二十六年にシベリアを単身横断した。

持っていたので、ある程度ロシア語をマスターしていたと考えられる。仕事はイルクーツクの学校の日本語教師として活躍していたが、クラプロートがやってくるまでは熱心な学生はあまりいなかった。ちなみに、図11の一番上の項目は「イルクーツクの高等学校教師ニコライ・コロチギン著の日本語教科書、一八〇九年」という意味のことが書いてあるから、新蔵は真面目に教科書作りにも取り組んだようである。

クラプロートは日本人と巡り会ったことをよい機会とし、新蔵から日本語を習いはじめた。その日本語学習の実態は、彼がイルクーツク滞在中（一八〇五—〇六年）に作成した日本語の辞書から窺える（図12）。クラプロートが図12に示す辞書の最初の頁の上に書いた文章によると、この辞書は一八〇〇年（寛政十二年）に江戸で印刷された『字引』という日本の書籍をもとにして作成したと断ってある。その日本の書籍のタイトルが『字引』だとは、クラプロートの勘違いに過ぎないが、数年後の一八二九年に書いた論文に、彼はその日本語学習の模様を明らかにした。それによると、その日本の辞書の正式な書名は『字引』ではなく、むしろ『早引節用集《はやびきせつようしゆう》』で、クラプロートがその一七五七年（宝暦七年）刊本も一八〇〇年（寛政十二年）刊本も持っていたと書いている。また新蔵も『早引節用集』の一七七六年（安永五年）刊本を所有していたが、それが結局自分のものと

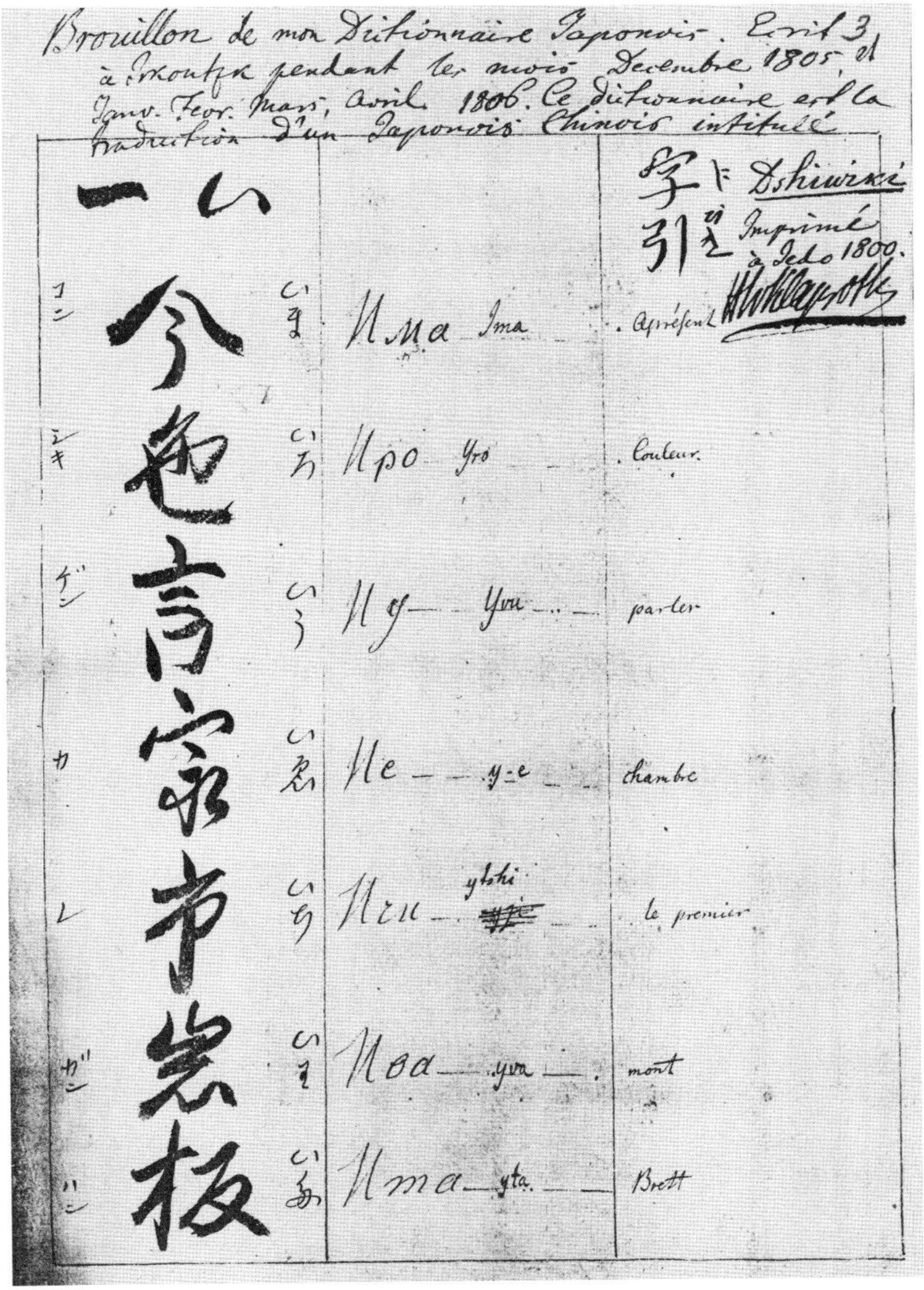
Brouillon de mon Dictionnaire Japonois. Ecrit à Irkoutsk pendant les mois Decembre 1805, et Janv. Fevr. Mars, Avril 1806. Ce dictionnaire est la traduction d'un Japonois Chinois intitulé

字引 Dshiwiki Imprimé à Jedo 1800.

Klaproth

一 い		
今 いま	Има Ima	à présent
色 いろ	Иро Yro	couleur
言 いう	Иу You	parler
家 いえ	Ие ye	chambre
市 いち	Ичи ythi	le premier
岩 いわ	Иwa ywa	mont
板 いた	Ита yta	Brett

図12　クラプロートが作成した日仏辞書。左欄は筆で書いた大きな字とペン書きの片仮名・平仮名の振り仮名、中欄はロシア文字とローマ字で書いた発音、右欄はフランス語（最後の「板」の場合、ドイツ語）で書いた意味。一番上のフランス語書き入れは「1805年12月、1806年1月、2月、3月、4月の数ヶ月にわたりイルクーツクで私が執筆した日本語辞書の草案。この辞書は1800年に江戸で出版された『ジビキ』という和漢辞書の翻訳だ」という意味。その下にクラプロートのサイン。

クラプロートの日本語学習　Klaproth, 'Sur l'introduction de l'usage des caractères chinois au Japon, et sur l'origine des différents syllabaires japonais,' *Nouveau Journal Asiatique*, 1829, pp. 20-21.

新蔵の貢献　図12の辞書とは別に、大英図書館にクラプロートが一八〇六年に完成した日独辞書が所蔵されている。これも新蔵の助力が必要だったが、今回は『倭漢節用無双嚢《わかんせつようむそうのう》』（宝暦二年（一七五二）刊）をもとにしたと断っており、辞書のほかに十干十二支、日本の人名、日本の地理、江戸の街なども入っている。

クラプロートの旧蔵書籍目録　*Catalogue des livres imprimés, des manuscrits, des ouvrages Chinois, Tartares, Japonais, etc., composant la bibliothèque de feu M. Klaproth* (Paris, 1839).

『日本語小文典』　ジョアン・ロドリ

なった、とクラプロートが書き残している。大黒屋光太夫や新蔵は天明二年（一七八二）に日本を出航したので、新蔵が安永五年（一七七六）に刊行された『早引節用集』をイルクーツクまで持参して行ったことは可能だが、寛政十二年（一八〇〇）に刊行されたほうは無理である。いずれにせよ、クラプロートの日本語学習はこの『早引節用集』を教科書に使い、新蔵に手伝ってもらったらしい。その意味ではヨーロッパ日本学の発展に対しての新蔵の貢献は大きかった。

　クラプロートが作成した辞書は『早引節用集』の単なるフランス語訳ではない。むしろ、適当に役に立ちそうな単語をピックアップして発音と意味をつけたものである。それは図12と『早引節用集』の原本とを比較すれば明瞭だ（図13）。日本人の新蔵を頼りにしていたのに、クラプロートが作成した辞書には変なミスが見受けられる。たとえば図12の下から三番目の「市」字の場合、中欄の発音は合っているが右欄の意味が日本語の「第一」にあたるフランス語の言葉となっている。これは明らかに同音異義語の間違いだ。あとは、ほとんど合っているが、「家」字も日本語の「部屋」にあたるフランス語となっている。クラプロートは新蔵と共通語がなければ各字の意味が把握できるはずがなかったので、おそらく大黒屋光太夫と同様、新蔵も十年以上のイルクーツク生活の結果、ロシア語が上手になっていたのだろう。そうだとすれば、このようなミスは説明しがたい。もしかす

ゲスは一五六一年にポルトガルに生まれ、一五八〇年に来日してからイエズス会に入会し、カトリック教会の司祭となった。日本語が達者で、彼の著述『日本語小文典』がマカオで一六二〇年に出版された。

図13　寛政８年（1796）刊の『早引節用集』巻頭。右から２行目の上の「い一」字はクラプロートの辞書と共通するが内容は違う。

ると新蔵の漢字能力が衰えてきていたのだろうか。

クラプロートの死後、オークションのために作成された彼の旧蔵書籍目録▲に三十点以上の日本書籍が入っている。そのなかには、新蔵から貰ったものや慶安五年（一六五二）刊の『日本王代一覧』というかなり古いものもあるが、文政九年（一八二六）刊の漢字辞書『倭節用集悉改大全《やまとせつようしゅうしつかいたいぜん》』という新刊のものもある。古いものは、ティチングの手稿や稿本と一緒に、クラプロートがオークションで購入したようだ。『新増字林玉篇補遺』のようなわりと新しいものはおそらくオランダ商館関係者たちが帰国したときに売却したのだろう。しかし、クラプロートは外国語の書籍収集に熱心なあまり、ときには図書館の本を盗むという書籍泥棒の評判があり、彼が所蔵していた日本の書籍の由来はいまでは完全に把握できない。

ちなみに、クラプロートの旧蔵書籍目録の日本部の解説はロンドレッスというフランス人が担当した。ロンドレッスは一八二五年に、ロドリゲス著『日本語小文典』▲をフランス語に訳した経験があったから日本語に対しての知識は一定程度あったはずだ。目録のほとんどのタイトルを日本語読みのローマ字で記録してはいるが、それは振り仮名に頼っていたせいか、それとも漢和辞典のようなものを参考にしていたせいか、タイトルのローマ字がおかしくなっているものもある。たとえば、「Miyako dai kouwai to」という項目がある。『都大絵図《みやこおおえず》』のことと思われるが、「絵」字が「kouwai」となっているのは、漢和辞典に旧仮名遣いで「クヮイ」と振ってあったからだろう。「クヮイ」なら「kouwai」とローマ字表記してもおかしくない。いずれにしても、ロシアの目録と違い、ロンドレッスがタイトルや刊記の年号まで苦労して読み取っており、当時としては感心せずにはいられない。

5　ブロンホフ、フィッセル、シーボルト

十九世紀に入ってからは、オランダ商館の関係者がますます日本語に挑戦し、日本の書籍を買い集め、日本語の資料をたよりに執筆活動をするようになった。一八〇九年に来日したヤン・コック・ブロンホフ、同じ一八〇九年に来日したヨハン・フレデリク・ファン・オーフェルメール・フィッセル、一八二三年に初来日したシーボルトが十九世紀前半の日本学発達の代表者と言えよう（図14）。この三人はそれぞれ、書籍はもちろん、漆器、青磁、扇子、食器、キセルなど、民俗学的な民芸品や日常生活のあらゆる道具などを集め、帰国してからオランダの

ヤン・コック・ブロンホフ　Jan Cock Blomhoff（一七七九―一八五三）は一八〇九年から一八一三年までオランダ商館の役員で、一八一七年から一八二四年まで商館長を務めた。一回目の日本滞在は日本人の女性と付き合って子供まで生まれたが、二回目は妻と息子を日本まで連れてきた。彼女は日本へ旅した最初の西洋人女性と考えられるが、妻子は幕府から在住許可を得られず帰国を余儀なくされた。なお、日本初の英和辞書『諳厄利亜《あんげりあ》語《ご》林大成《りんたいせい》』編纂の過程で、一時イギリスで生活する経験があったブロンホフの知識が参考になった。

ヨハン・フレデリク・ファン・オーフェルメール・フィッセル　Johan Frederik van Overmeer Fischer（一八〇〇―四八）。出島のオランダ商館の役員として文政十二年（一八二九）まで日本に滞在した。著書に *Bijdrage tot de kennis van het Japansche rijk*（1833）がある（邦訳は庄司三男・沼田次郎訳注『日本国の知識への寄与』、平凡社東洋文庫、一九七八年）。

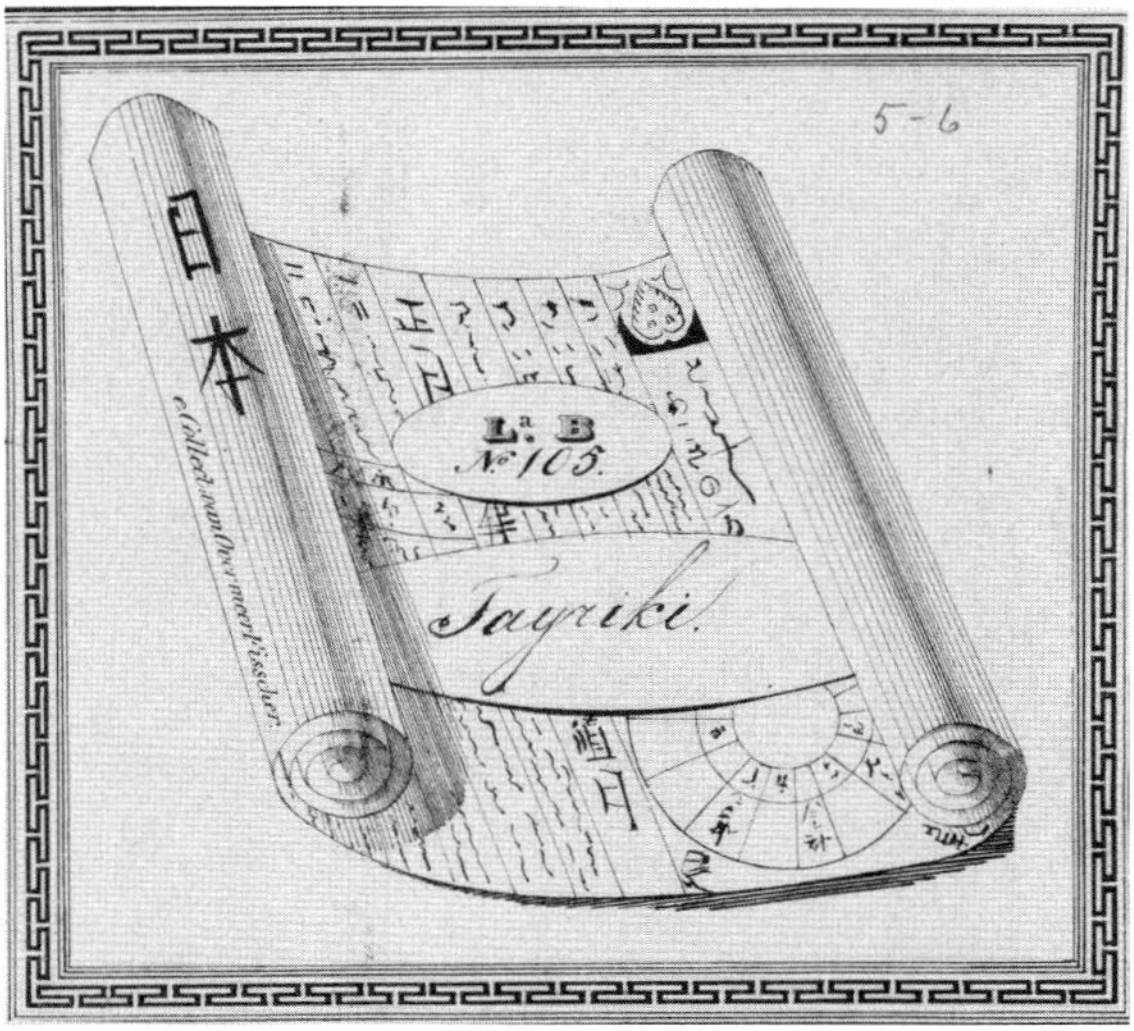

図14　フィッセルが使用した蔵書票（江戸前期に刊行された『太平記』）。

王室に買ってもらったり寄贈したりして、すべて王室の珍器博物館（オランダ・ライデン市の国立民族博物館の前身）に入った。そのため、珍器博物館の日本コレクションは、日本以外、世界に肩を並べる博物館がない。

しかし、江戸時代の日本では外国から来た人が何でも買って持って帰っていいわけではなかった。ロシア人探検家ヴァシーリー・ゴロヴニーンが著作した『日本俘虜実記』に、貨幣、地図、および日本のことを書いた書籍などは輸出禁止となっていると書いてある。▲それは一八一〇年代のことで、実際、輸出禁止になっていたことを文政十一年（一八二八）のいわゆるシーボルト事件が証明している。帰国直前のシーボルトの所持品のなかに日本の地図などが見つかり、そのため地図を贈るなどした日本人十数名が処分され、シーボルトは翌文政十二年に国外追放・再渡航禁止の処分を受けた。しかし、いままで見てきたとおり、ケンペルやシュトゥツェルなどが地図を持って帰ったことは事実だから、おそらく十九世紀に入ってから規制が厳しくなったのだろう。

ブロンホフの旧蔵書は『御江戸絵図《おえどえず》』二部、『大坂指掌《おおさかししょう》

ロシア人探検家……　ゴロヴニーンは一八一一年に国後島《くなしり》で幕府の役人に逮捕され、一八一三年まで箱館で幽閉された。徳力慎太郎訳『日本俘虜実記』（講談社学術文庫、一九八四年）。

図《ず》』、『改正日本輿地路程全図《かいせいにほんよちろていぜんず》』などがいまライデン大学に所蔵されているが、彼の蔵書がすべて死後にシーボルト所有となって、その後ライデン大学所蔵となった。書籍収集はフィッセルとシーボルトが一番熱心だったようである。しかし、フィッセルの旧蔵書は残念ながら、オランダ、イギリス、デンマークなど、いまではばらばらになっている。マンチェスター大学図書館に次の三点が確認できる。

①『倭節用集悉改大全』　文政九年（一八二六）刊。この本はクラプロート旧蔵本なので、フィッセルがヨーロッパのオークションで購入したものだろう。

②『太平記』　刊記がないが、江戸前期に刊行された片仮名交じり本。フィッセルが日本の古本屋で入手したのだろうか。

③『甲陽軍鑑《こうようぐんかん》』　万治二年（一六五九）刊。これも日本の古本屋で入手したものだろう。

デンマーク・コペンハーゲンにあるデンマーク国立博物館はフィッセル旧蔵の地図などを所蔵しているが、いずれもシーボルト旧蔵本でもあるから、フィッセルもシーボルトに売却（あるいは譲与）したようだ。▲

シーボルトの日本書籍コレクション▲については最近、詳細な研究が出版されたのでそれに譲りたい。その旧蔵書のほとんどがライデン大学図書館やライデン国立民族学博物館に保存されているが、一部はフランス国立図書館、大英図書館な

フィッセルも……　ダン・コック「蒐集の狂歌本」（国文学研究資料館編『シーボルト日本書籍コレクション——現存書目録と研究』、勉誠出版、二〇一四年、所収）。

シーボルトの日本書籍コレクション　国文学研究資料館編『シーボルト日本書籍コレクション——現存書目録と研究』（勉誠出版、二〇一四年）。

どに所蔵されている。右記のとおり、デンマーク国立博物館のフィッセル旧蔵本は、実はシーボルトの蔵書となり、一八六〇年にデンマークに寄贈されたものである。また、一八三五年にシーボルトがオーストリア・ウィーンの宮廷図書館（オーストリア国立図書館の前身）へコレクションの一部を託送し、二年後にエンドリッカーという植物学者兼古銭学者兼漢学者が宮廷図書館所蔵の中国・満州・日本・朝鮮の書籍の目録▲を完成した。中国や満州の本のタイトルは漢字や満州文字で表記されているのに、日本の本はローマ字表記しかない。しかし、編者のエンドリッカーは、書名の日本語読み、著者名、出版地、出版年および内容の簡単な説明を丁寧に記録しているから、ある程度の日本語能力を備えていたようだ。たとえば次のような項目がある。

CXXVIII *Bun gen Jedo oho jetsu.* Plan von Edo; verfasst von Suwaraya Mohei. Jedo 1826.

（一二八番　『分間《ぶんけん》江戸《えど》大絵図《おおえず》』　江戸の地図　須原屋《すはらや》茂兵衛《もへえ》著　江戸　一八二六年）

須原屋茂兵衛が著者でなく出版者だった点を除けば正確である。タイトルの「大」字の表記が「oho」表記となっているのは旧仮名遣いが「おほ」となって

書籍の目録　Stephan Ladislaus Endlicher, *Verzeichniss der Chinesischen und Japanischen Münzen des K. K. Münz- und Antiken-Cabinets in Wien nebst einer Übersicht der Chinesischen und Japanischen Bücher der K. K. Hofbibliothek* (Wien, 1837)で、日本部はpp. 135-139.

いたからだ。エンドリッカーはタイトルの振り仮名を頼りにしていただろう。
いままで見てきたように、十九世紀に入ってから、漂流民の蔵書とか、オランダ商館の関係者の蔵書などがあり、かなり多くの日本書籍がペリー来航以前にもヨーロッパに到着していたのである。その結果、日本の書籍がロシア、オランダ、イギリス、ドイツ、オーストリア、デンマークなどに届くようになった。オランダ商館の関係者はもちろん、それ以外の人でもぼつぼつ日本語を習い、まだ数少ない日本の書籍を理解しようとするようになった。しかし、幕末の開国までは、日本の書物は相変わらずヨーロッパでは入手しにくいものだった。次章ではペリー来航以降の事情を取り上げる。

それぞれの……　ペリーらの書物購入については、土屋喬雄・玉城肇共訳『ペルリ提督日本遠征記』（臨川書店、一九八八年）参照。プチャーチンの同僚ポシェツ海軍大将が持って帰った本は、О.П.Петрова, В.Н. Горегляд の前掲書にリストアップされている。

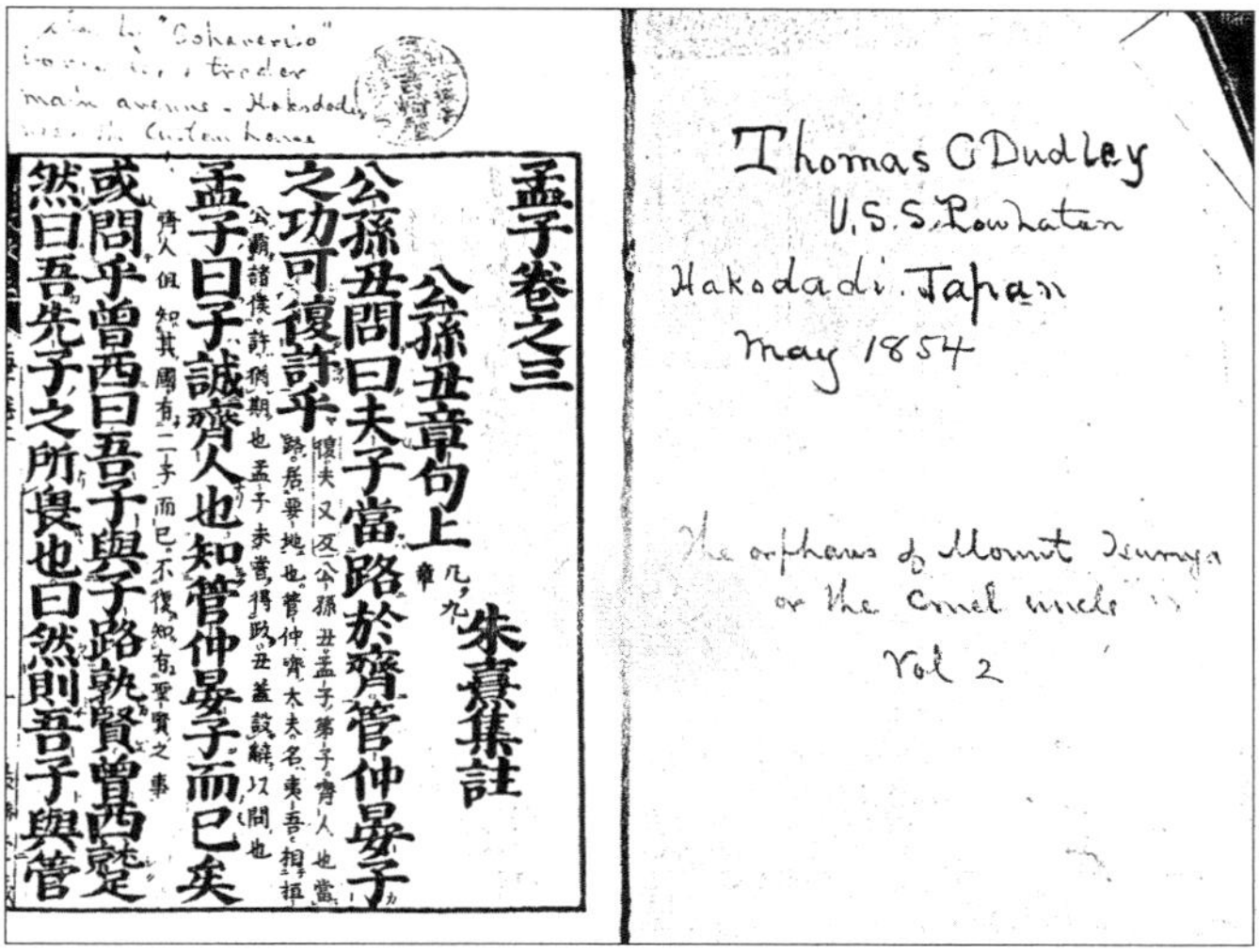
孟子巻之三
公孫丑章句上　朱熹集註
公孫丑問曰夫子當路於齊管仲晏子之功可復許乎
孟子曰子誠齊人也知管仲晏子而已矣
或問乎曾西曰吾子與子路孰賢曾西蹵然曰吾先子之所畏也曰然則吾子與管

Thomas C Dudley
U.S.S. Powhatan
Hakodadi. Japan
May 1854
Vol 2

図15　ダドリーが函館で購入した『孟子』。Chang-su Houchins, *Artifacts of diplomacy: Smithsonian collections from Commodore Matthew Perry's Japan Expedition (1853-1854)* (Smithsonian Books, 1995), p.133による。

三▶日本書籍の海外流通史
——明治初期まで

1　ペリー艦隊の日本書籍蒐集

アメリカ人のペリー提督とロシア人のプチャーチン海軍大将が嘉永六年（一八五三）に日本へ来航したのは、当然のことだが、日本の書物を買い集めるのが目的ではなかった。それでも、それぞれの乗員たちが日本滞在中の機会に、いくつかの書籍を求め、帰国したときに持って帰ったらしい▲。いまのところ、その行方はほとんど分からないが、ワシントンの国立米国史博物館に一点だけ残っているようだ。それは林羅山《はやしらざん》の訓点がついている儒学四書の『孟子《もうし》』（第二・三巻のみ）で、表紙の題簽は「寛政改正／孟子／道春《どうしゅん》［羅山の別号」点」となっており、また訓点がついているので、明らかに日本で印刷されたものだ（図15）。前表紙裏に「トーマス・C・ダドリー／米海軍船ポーハタン号／日本函館／一八五四年五月」という意味の、ダドリー自筆と思われる書き入れがあるし、同筆で「函館中心街の税関書の近くの本屋」で買ったように書いている。ポーハタン号は蒸気外輪船で、ペリーが率いる艦隊に落ち合うため中国から琉球諸島へ向かった。一八五四年に日米和親条約が調印されたのち、ダドリーが乗っていたポーハタン号は下田、函館に立ち寄り、それから中国に戻っている。なお、のちに別筆で「敦賀山の孤児、あるいは残酷な伯父、第二巻」という意味のことが書いてある。それは書名の英訳のつもりだろうが、当然『孟子』と何の関係もないので、どうも執筆者（ダドリーではない）が『孟子』の内容をまったく勘違いしたようだ。その他、ダドリーが日本滞在中『嘉永改正泰平安民鑑《たいへいあんみんかん》』というペリーの黒船来航を描いた版画（瓦版）も入手したが、書き入れがないのでいつどこで購買したのかが分からない。▲函館では、ダドリーだけでなく、ペリーも絵入り本を購入した。また、函館で購買された「絵表紙がついた絵入り本」が一八五四年か一八五五年にアメリカ東方学会の図書室に寄贈された。寄贈したのは在シンガポールの米国領事チャールズ・W・ブラドリーで、ペリー艦隊の関係者が函館から持ってきたものだと説明している。▲

その他…… Chang-su Houchins, *Artifacts of diplomacy: Smithsonian collections from Commodore Matthew Perry's Japan Expedition (1853-1854)* (Smithsonian Books, 1995), pp. 93, 132-133. この本はペリーらが持って帰って寄贈したものの図録。

寄贈したのは…… 'Additions to the Library and Cabinet of the American Oriental Society, August 1854-August 1855', *Journal of the American Oriental Society*, vol. 5, 1855-56, p. viii.

『画本鶯宿梅』の復刻 *Japanese botany: being a facsimile of a Japanese book with introductory notes and translations* (Lippincott). この本については、鈴木淳「渡海石版『絵本鶯宿梅』——世界を駆け巡った日本絵本」（『文学』二巻二号、二〇〇一年）参照。

もう一つ不思議な本がある。それは橘守国《たちばなもりくに》著『画本鶯宿梅《えほんおうしゆくうめ》』（元文五年（一七四〇）刊）の第五巻をアメリカで石版印刷を利用して復刻し、注や翻訳をつけたものだ。▲出版社はフィラデルフィアのリッピンコット社で（図16）、出版年は明記されていないが、大英図書館蔵本は受け入れ日付が一八五五年十一月二十九日なので、当然それ以前に刊行されたことになる。翻訳者の名前も書いていないが、序文で「下田で辞書を八冊入手した」と書き、下田で手に入れた教科書や往来物を頼りにしていたと断っている。下田といえば、ペリー艦隊が一八五四年に立ち寄った土地である。『ペルリ提督日本遠征記▲』に「印刷所は下田にも函館にもないように見えたが、書物は店頭に見出された。それらは一般に初歩的な性格の安価な作品か、通俗的な話《ストーリー》の本や小説《ノベル》である」というように書いてあるからやはり下田で辞書などを買ったことになる。『画本鶯宿梅』も下田で買ったかどうかは分からない。

『画本鶯宿梅』の文章を翻訳した人

『ペルリ提督日本遠征記』 ペリーが日本に来航した際の正式記録で、ホークスが編集した。

図16 『画本鶯宿梅』第５巻の英訳版（1855年）の扉。下に出版社の名前と住所が書かれている 。この扉絵は『画本鶯宿梅』第４巻９丁裏（左上の鳥２羽）、同10丁表（上の躑躅《つつじ》）、同17丁（左下の海棠）、同22丁裏（竹）を取り合わせて石版印刷したものだ。下の屋形船の図は『画本鶯宿梅』に見当たらないので別な本から取ったようであるが、配置が不自然で、船の右のほうがない。

は誰だったのだろうか。定かではないが、ひょっとしたらサミュエル・ウィリアムズというアメリカ人の宣教師・言語学者ではなかったかと推測される。ウィリアムズは中国の広東《カントン》でペリー自身に頼まれ、通訳者としてペリーと一緒に日本に向かった。彼はもともと中国語が達者だったが、広東まで漂着した日本人漂流民から日本語を習い、ある程度の会話はできる、と本人は断っている。漢字はもちろん不自由がなく、その「日本渡航日記」には漢字が散在する。なお、一八四七年に一時帰国した際、ニューヨークで片仮名の活字の作製を業者に注文した。▲ペリー艦隊が下田に立ち寄っていた一八五四年四月十八日から五月十三日までのあいだ、ウィリアムズらはたびたび見物したり散歩したりはしていたが、警備が厳しくて、たとえば黒船来航の版画を買おうとしても許されなかった、とウィリアムズが日記▲に書いている。しかし、ウィリアムズが一八五四年に辞書、往来物、ひいては『画本鶯宿梅』を下田で買ったとは日記に書いていないので、彼が翻訳したかどうかは断定できない。

また、図16の右上のほうに見える「ウエルソン」と印刷されたのは、おそらくウィルソンというよくある名字のことだろうが、『ペルリ提督日本遠征記』にウィルソンという人物は出てこないし、当時のフィラデルフィアにいた日本語ができるウィルソンという人物も特定できない。扉絵石版の責任者だろうか。惜しい

一八四七年に…… William W. Turner, 'Account of a Japanese romance,' *Journal of the American Oriental Society*, vol. 2, 1851, p. 36.

ウィリアムズの日記 S. Wells Williams, 'A journal of the Perry expedition to Japan (1853-1854)', *Transactions of the Asiatic Society of Japan*, vol. 37, part 2, 1910, pp. 164-185.

ことながら『画本鶯宿梅』のアメリカ版の詳細はまだつきとめられていない。

2　居留地の日本書籍蒐集

嘉永七年（一八五四）の開国に伴って、数多くの外国人が居留地の横浜、神戸、函館などに居住するようになった。そのなかに日本の古書籍を蒐集した人も少なくない。ということは、開国以前に比べて、幕末の日本に行きさえすれば、日本の本が買えるようになったわけだ。開国後、居留地の横浜にも小売商の本屋が開店したので、そういう意味では日本の本がかなり手に入りやすくなったのだ。ただ、外国人がなんでも買えるようになったわけではない。安政六年（一八五九）に江戸幕府が発布した町触《まちぶ》れは、日本の書籍業者が外国人に売るについて好ましくない種類の本を規制していた。まず武鑑や雲上名覧（それぞれ武士と公家の名鑑）のたぐい、幕府の町触れや禁令などの法律をそのまま掲載した書物、武芸書、地図（大名の城が含まれている場合）および未刊の写本が禁止されていた▲。しかし、規制を免れる方法▲もあった。つまり、禁止された種類の書籍を日本人に買ってもらうとか、大騒ぎして業者に圧力をかけて買わせてもらうとかして、居留地の外国人は武鑑、地図などを問題なく手に入れていたようだ。

まず武鑑や……　『松澤老泉資料集』（青裳堂書店、一九八二年）九六—九七頁。

規制を免れる方法　その例としては、Ernest Satow, *A diplomat in Japan* (Oxford University Press, 1968), pp. 67-68; Aimé Humbert, *Le Japon illustré* (Hachette, 1870), vol. 2, pp. 4-5. 参照。

居留地には、長期滞在の外交官、宣教師、実業家など、さらには短期滞在の世界一周の旅行家などを合わせて、日本書籍の蒐集家が一定数は確かにいた。イギリス人、フランス人、イタリア人、ドイツ人などが蒐集家として活動していたが、ここではまずイギリス人を中心にして考察することにする。第一にアーネスト・サトウの名前が優秀な外交官としても蒐集家としてもよく知られている。文久二年（一八六二）に通訳生として横浜のイギリス公使館に着任した彼は、最初、日本語学習以外に用務はなかったので、横浜の本屋で書籍を入手しはじめた。地図、武鑑など、外国人に売っていけないたぐいの本は、日本人を通して買っていた。サトウは東アジアの古書についての専門知識も深め、ヨーロッパのマインツで印刷技術が発明された十五世紀半ば以前から、書物が日本で印刷されていたことを西洋人としては初めて発見した。平安時代以来、木版印刷によりおもに仏書が印刷されており、それから室町末期から一六四〇年代までは活字印刷も活用され、日本の古典文学を含めてあらゆる種類の本が印刷されるようになったのである。サトウは、横浜のみならず、京都の竹苞楼《ちくほうろう》（宝暦元年（一七五一）創業）などのような老舗《しにせ》でも各種の古書を買い集め、とどのつまり膨大な量の書籍を購入した。サトウの旧蔵書は、他人に譲与しなかった分が大英図書館などに保存されている。

給料が安いはずの若手外交官サトウがなぜこれほどの書籍を買えたのかという

と、幕末・明治初期は、ヨーロッパ、アメリカから輸入された書籍や最新の洋装本に比べ、日本の古書の相場が案外廉価だったからなのだ。それは後述するノルデンショルドというフィンランド人の書籍購入記録が明らかにしている。サトウの同僚で一八六四年に外交官通訳の見習い生として初来日したウィリアム・ジョージ・アストンもたくさんの古書を購買した。それは、後年にサトウから譲ってもらった本とともにケンブリッジ大学付属図書館に入った。ただ、明治二十二年（一八八九）まで日本に滞在したアストンは、古書だけでなく、明治時代の小説も買って読んでいたのである。たとえばアストン・コレクションに坪内逍遥著『当《とう》世《せい》書《しょ》生《せい》気質《かたぎ》』（明治二十年刊、アストン自筆の書き入れによれば翌二十一年に読んだ）、浮世粋史著『一読百笑明治浮世風呂』（明治二十年刊、アストンは同年に読んだ）などが入っている。

サトウやアストンは外交官だったが、外交官でない人も古書を買い集めていた。フレデリック・ヴィクター・ディッケンズは英海軍船の医師として一八六三年に初来日し、横浜の英海軍施設の病院を担当するようになった。横浜滞在中の三年間に日本語を勉強し、その日本語能力を日本の古典文学の翻訳に活用し、『百人一首』と『竹取物語』の英訳をそれぞれ一八六六年と一八六八年に出した。ディッケンズは一八六六年に一時帰国したが、一八七一年に再来日し、長年にわたっ

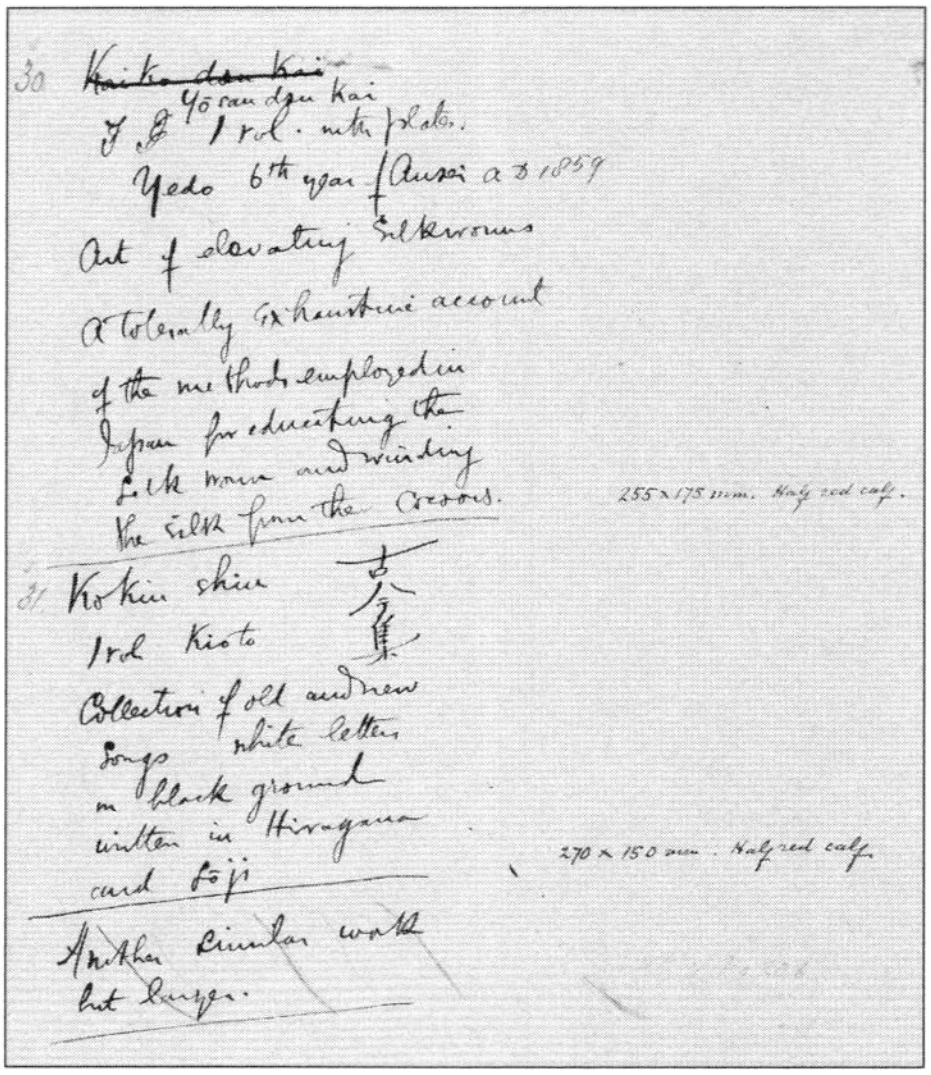

図17　ディッケンズが1871年リンゼー伯爵に売るために作成した書物目録。31番が『古今集』で、ディッケンズの自筆漢字が見える。

て横浜の弁護士として活躍していた。再来日する直前にリンゼー伯爵というコレクターに四十点前後を売却したが、再来日してから買い集めた書籍はのちにブリストル大学付属図書館に入った（図17）。時代は少し下るが、バジル・ホール・チェンバレン▲は明治六年（一八七三）に初来日し、帝国大学（東京大学の前身）の初代日本文学教授となった。彼も古書を買い集め、またサトウから蔵書の一部を譲ってもらったが、チェンバレンの蔵書は本人の死後にばらばらとなった。

サトウ、アストン、ディッケンズ、チェンバレンの蒐集活動については認識すべき点が三つある。第一は、世界一周の旅行家が絵本を中心に買い集めたのと違い、彼らは日本語の文章を読む力を持っていたから文章を中心に蒐集していたこと。第二は、幕末の木版本がくずし字や変体仮名だらけで、現代の感覚から言えばとても読みづらいものだったこと。だから彼らにとって、当時の日本人と同じように、くずし字や変体仮名の知識も読書するのに不可欠だった。第三は、当時の日本人と同様、蔵書に蔵書印を押捺《おうなつ》していたこと。サトウは「英國／薩道《サトウ》藏書」、アストンは「英國／阿須頓《アストン》藏書」、チェンバレンは

バジル・ホール・チェンバレン　Basil Hall Chamberlain（一八五〇—一九三五）。彼の旧蔵書については反町《そりまち》茂雄編『紙魚《しみ》の昔がたり　明治大正篇』（八木書店、一九八七年）三三九—三四〇頁および『王堂君エ贈致スル書籍目録』（明治十八年の写本、ケンブリッジ大学付属図書館蔵）参照。

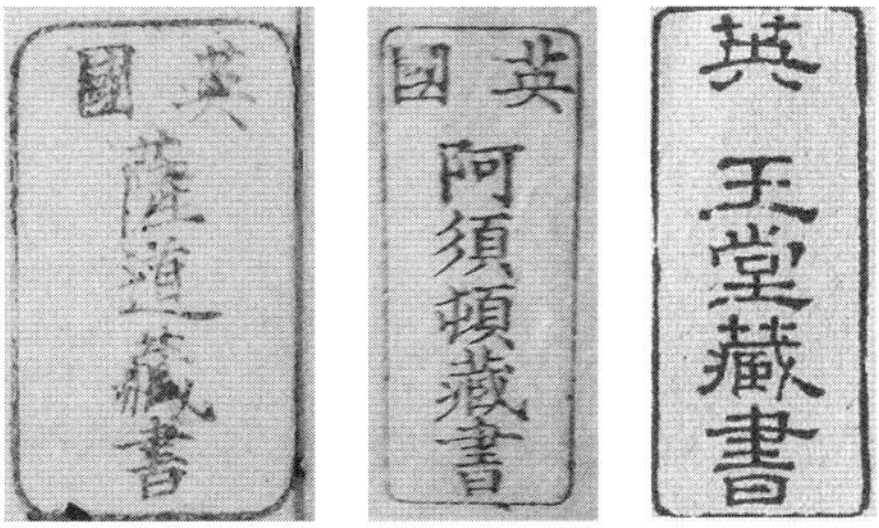

図18 サトウ（左）、アストン（中）、チェンバレンの蔵書印。

「英王堂藏書」（王堂とはバジル・ホールの和訳）という蔵書印を使用していた（ディッケンズは蔵書印を使用しなかった）（図18）。

さて、ここまでイギリス人のコレクターだけに焦点を絞ってきたが、ドイツ人、アメリカ人、フランス人、イタリア人などはどうだろうか。以下、いくつかの例を並べ、幕末・明治初期に収集された書籍が各国の図書館・美術館の日本コレクションの土台となった事情を例証する。

〈ドイツ〉

幕末の一八六〇～六一年に、日本とプロイセン国（ドイツの一部の前身）との日《にっ》普修好通商《ぷしゅうこうつうしょう》 条約《じょうやく》を成立させるためにフリードリヒ・アルブレヒト・ツー・オイレンブルク伯爵および同行のフェルディナント・フォン・リヒトホーフェン男爵が来日した。日本滞在中に購入した日本書籍が帰国後、ドイツ国立図書館の前身に寄贈され、日本コレクションの始まりとなった。

〈米国〉

アメリカの大学が初めて日本書籍を所蔵するようになったのはイェール大学だった。早くも明治元年に日本の木版本二点がイェール大学付属図書館に寄贈された。それは『安政見聞誌《あんせいけんもんし》』と『安政風聞集《あんせいふうぶんしゅう》』という、安政二年（一八五五）の大地震を題材としたもので、マイラ・ヒッギンズというミシガン州の女性が一八六

ウィリアム・エリオット・グリフィス William Elliot Griffis（一八四三―一九二八）は一八七〇年（明治三年）に初来日、最初は福井で、のちに開成学校で教師として活躍した。

八年に寄贈したものである。本人か親戚の人が日本で入手したのだろう。イェール大学は、その後、一八七〇年代に積極的に日本の書籍を集めようとした。最初は一八七二年に大学南校（東京大学の前身）勤務中のウィリアム・エリオット・グリフィス▲という人物に東京の古本屋と交渉し、本を送ってもらうようになった。翌一八七三年にマーシュという古生物学の教授が日本書籍購買のために五百ドルをイェール大学に寄贈した。しかし、五百ドルは当時として多額の金で、それで日本書籍のコレクションを築くという能力をイェール大学図書館は持っていなかった。ただ、幸いに明治初期に日本人の学生たちがイェール大学に留学するようになっており、日本贔屓だったイェール大学付属図書館館長アディソン・ヴァン・ネームの家に集まるようになった。その留学生の一人だった児玉次郎が帰国してから須原屋茂兵衛という東京の書籍商の老舗とコンタクトを取り、『御書籍目録』という手書きの販売目録をヴァン・ネームへ送った。目録用紙は罫紙で、各丁の折り目の部分に「北畠」（須原屋茂兵衛の本名）と印刷してある。また、いちいち売価が書いてあるので、販売目録だったことは明瞭だ。その最初の頁には『大日本史』十九円、『和《わ》漢三才図《かんさんさいず》絵《え》』六円、『大般若経《だいはんにやきよう》』三十五円とあり、いずれも膨大な本だが、明治八年頃には巡査や小学校教員の初任給が五円程度だったから当時としては相当な価格となっていた（図19）。全五百七十二点の書籍の総

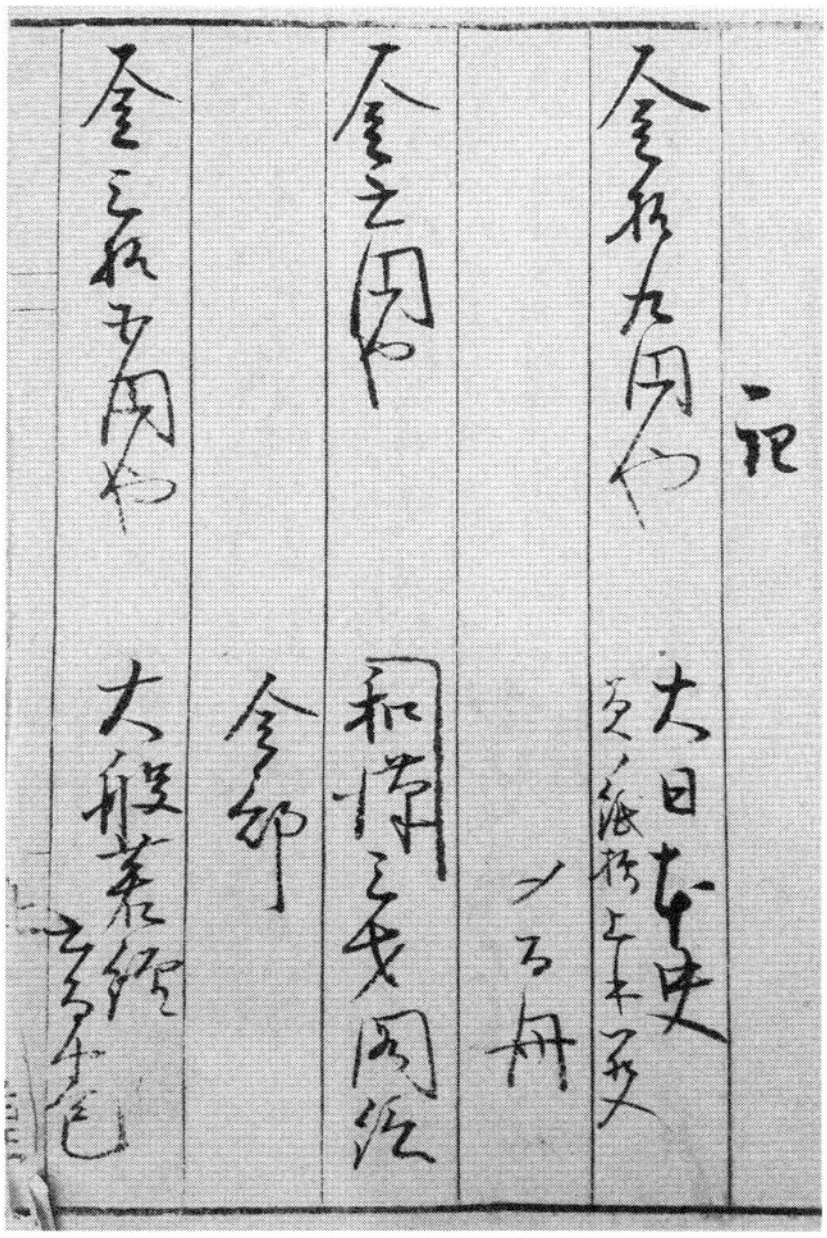

図19　須原屋茂兵衛がイェール大学のために用意した『御書籍目録』。

価格は四百三十三円で、つまり明治四年段階の工部大輔《たいふ》としての伊藤博文の月俸四百円を少し上まわるほどだった。いずれにしても、一八七六年にやっと二千七百冊ぐらいの日本書籍がイェール大学付属図書館に入るようになった。

ほぼ同じ時期だが、ペンシルヴェニア生まれのアルベルト・シドニー・アシュミードという医師が一八七三年に、米国のアナポリス海軍学校に留学していた華《か》頂宮博経《ちょうのみやひろつね》親王（伏見宮邦家親王第十二皇子で、アメリカでは「東隆彦《あずまたかひこ》」と自称していた）の付き添い医者となったのである。同年に病気になった親王を連れて日本に渡航し、東京府病院の外国人院長となった。アシュミードは華頂宮博経親王が夭《よう》折《せつ》した一八七六年に帰国したが、その日本滞在経験が彼の生涯にかなり大きな影響を及ぼした。持ち帰った日本書籍は残念ながらまだ二点しか確認できない。一つは、正保二年（一六四五）に日本で刊行された『神応経《じんのうきょう》』という中国の鍼灸の本で、現在ペンシルヴェニア大学付属図書館に所蔵されており、もう一つは『黴瘡約言《ばいそうやくげん》』（一八〇二年刊）という性病の本で、米国国立医学図書館所蔵となっている。

〈フランス〉

パリにある国立図書館の日本書籍コレクションはティチングが寄贈した本を出発点とし、一八四三年にシーボルトが、それから一八五五年にストゥルレルが寄贈した書籍で成長した。明治四年（一八七一）、フランスの美術評論家テオドール・デュレとイタリアから亡命した経済学者のエンリ・チェルヌーシが一緒に世界一周旅行に出かけた。同年にしばらく日本に滞在し、書物購入にとりかかった。デュレはその後、『日本の美術――絵本、絵画の刊本、北斎』を執筆し、その旧蔵書（絵本は特に多い）はパリの国立図書館に、チェルヌーシのほうはパリのチェルヌーシ博物館に収められている。

〈イタリア、ジェノヴァのキオッソーネ東洋美術館〉

イタリアの版画家エドワルド・キオッソーネは明治八年（一八七五）に明治政府に招待され、お雇い外国人として大蔵省紙幣局を明治二十四年まで指導することになった。彼が日本で収集した絵本やその他の美術品はいまジェノヴァのキオッソーネ東洋美術館に所蔵されている。

〈スウェーデン、ストックホルムの東洋図書館〉

フィンランド出身の鉱山学者・探検家アドルフ・エリク・ノルデンショルドは北東航路という、北ヨーロッパと東アジアを結ぶ最短の航路を発見してから明治

ストゥルレル Johan Wilhelm de Sturler（一七七四―一八五五）。一八二三年から一八二六年にかけてオランダ商館長を務めた。日本初の洋式銃陣の公開演習を行った高島秋帆《たかしましゅうはん》は、洋式砲術をストゥルレルに習った。

『日本の美術――絵本、絵画の刊本、北斎』 *L'art japonais: les livres illustrés, les albums imprimés, Hokousaï* (A. Quantin, 1882).

十二年（一八七九）に日本に立ち寄った。千点ぐらいの古書を購入し、いちいち払った値段を記録した。彼が残した記録を見ると、明治十二年の段階では、いま貴重書扱いされている鎌倉・室町時代の仏書などの相場は新聞一枚の値段を超えなかったようだ。彼が買い集めた書籍は、最初スウェーデン王立図書館に寄贈されたが、現在ストックホルムの東洋図書館に所蔵されている。

いうまでもないことだが、開国以降、世界のどこからも日本まで渡航し、日本語を習ったり、日本書籍を蒐集したりすることは比較的容易となった。しかし、相変わらず、わざわざ日本まで行かないでも、海外へ流れた書籍を頼りに日本研究に没頭することも可能だった。クラプロートなどのパターンに従い、アウグスト・プフィッツマイアーというオーストリア人が独学で日本語を習い、一八四七年に柳亭種彦《りゅうていたねひこ》著『浮世《うきよ》形六枚屏風《がたろくまいびょうぶ》』（一八二一年）という合巻《ごうかん》（幕末流行の小説）のドイツ語訳を、また一八五一年に『日本古代詩の研究』をドイツ語で出版した。『浮世形六枚屏風』は、シーボルトが一八三五年にウィーンの宮廷図書館に譲与した書籍の一つで、確かにエンドリッカーが作成した目録に記録されている。

フランスのレオン・ド・ロニー（羅尼《ロニ》）もプフィッツマイアーと同様、一度も日本に足を踏みいれることがなかった。それでもパリで日本語を習い、一八六八年にパリの初代日本学教授となった。日本についての業績が多く、たとえば一八

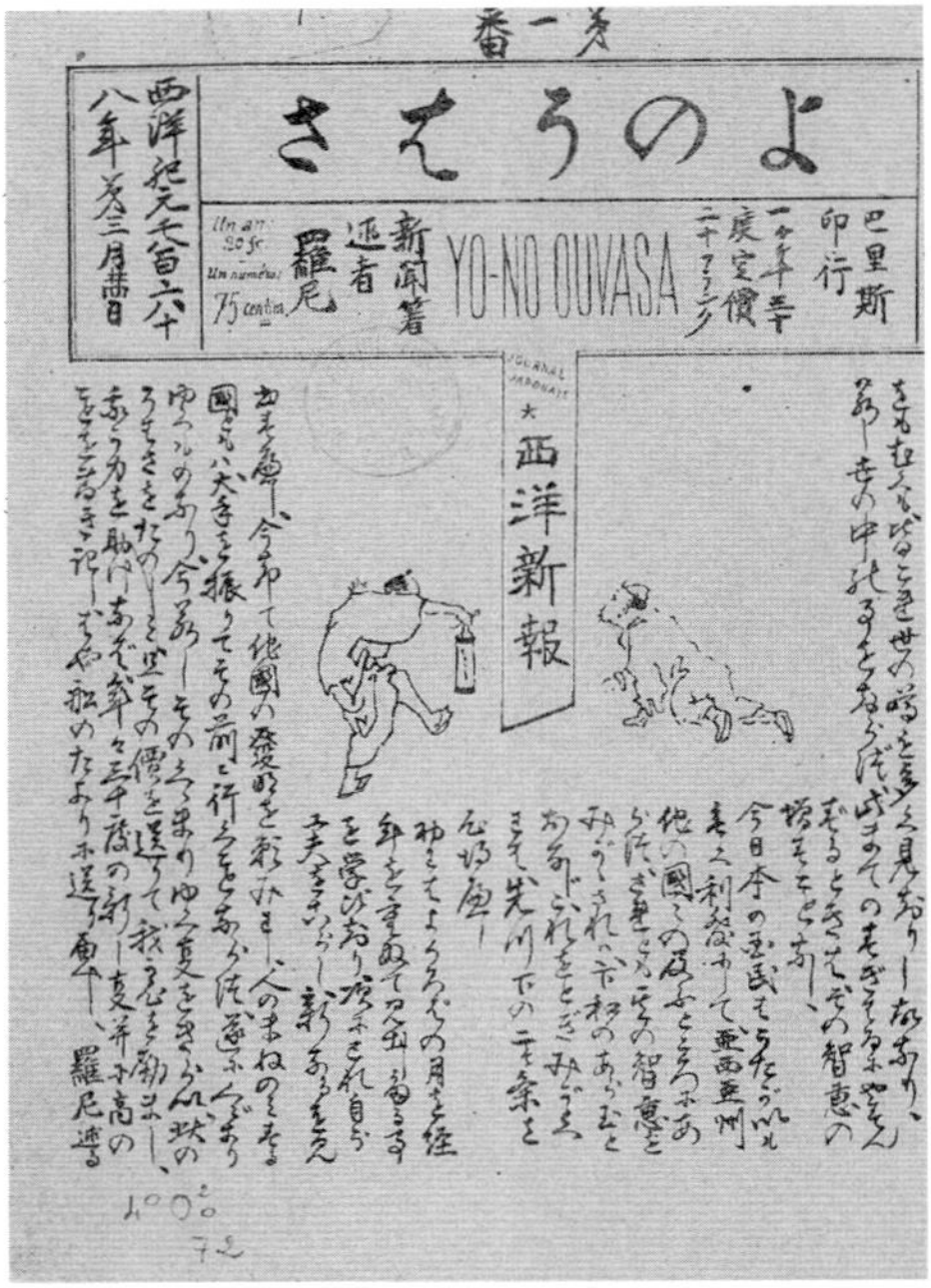

図20　『よのうわさ』創刊号。「羅尼」（ド・ロニー）の名前が「新聞著述者」として現れる。

六八年に『Yo no ouvasa』（世の噂）（図20）という日本語雑誌を刊行し、また一八七一年に『日本詩歌集』という翻訳集を出した。彼の旧蔵書はいまフランス北部のリル市に保存されているが、その由来については、ド・ロニーの父がヨーロッパのオークションなどで入手したものがその一部で、あとは幕末の函館でロシア領事館に勤めていたイヴァン・マホフ▲というロシア人の蔵書を引き受けたものだ。その他、詩人上田《うえだ》敏《びん》の父で、乙骨《おつこつ》亘《わたる》と名乗って理髪師として横浜鎖港《さこう》談判《だんぱん》使節団に参加し、一八六五年にフランスを訪れた上田絅二《けいじ》とか、福沢諭吉などが書物をド・ロニーに寄贈した。

イタリア人日本学者のセヴェリニやトレッティニも日本に渡航することがなかった。セヴェリニはフィレンツェ大学の前身校で日本語の教授職に就き、トレッティニはスイスのジュネーヴで創刊された雑誌『Atsumegusa』（あつめぐさ）に日本文学などの翻訳を掲載していた。フィレンツェ大学所蔵の日本書籍コレクションはおそらくセヴェリニが自分の蔵書を寄贈したものと思われる。トレッティ

フの父は函館領事館に司祭として勤務していた。息子のほうは一八六一年に『ロシヤのいろは』というロシア文字入門書を函館で出版した。長縄光男『ニコライ堂遺聞』（成文社、二〇〇七年）一〇七頁。

ニもいろいろ日本の書物を所蔵していたが、それらは一九一一年のオークションにかけられたようだ。

結局、幕末や明治初期に、居留地に滞在し、日本書籍をたくさん買い集めることは簡単で、買い集めた書籍をもとにして日本史などを研究した人は確かにいた。同時にしかし、ド・ロニー、トレッティニなどのように、ティチング、クラプロートの伝統を引き継ぎ、日本まで渡航せずに日本学に没頭した人もいた。しかし、オークション以外ではヨーロッパで日本書籍を購買するチャンスがまだ少なかったのである。それでも、開国のおかげでますます日本書籍が参考しやすくなったことは事実だった。また、一八六七年に開催されたパリ万国博覧会では『江戸《えど》名《めい》所図会《しょずえ》』、『草木育種《そうもくそだてぐさ》』、『日本国開闢由来記《にほんこくかいびゃくゆらいき》』、『大日本史』、『万葉集略解《りゃくげ》』などが陳列され、一般市民が日本書籍を見物できるようになっていた。▲

次章ではロンドンの書籍商が右記の日本学ブームに応じようとした模様を中心に見ていく。

パリ万国博覧会では……　パリ万国博覧会で陳列された『江戸名所図会』はマンチェスター大学に、あとはフランス北部リル市立図書館に所蔵されている。いずれも「Exposition Universelle 1867」というパリ万国博覧会ラベルが表紙につけられている。

図21　レデンホール街のイギリス東インド会社本部。

販売目録　*Catalogues of books offered for sale by Parbury, Allen and Co.* (1831-1835). 大英図書館蔵。

パーベリーとアレンが……　*Catalogue of books in oriental literature, and of miscellaneous works connected with India* (Parbury, Allen & Co. 1833), p. 28. 大英図書館蔵。

四▼ロンドンの日本書籍売買

1　アレン氏、パーベリー氏の販売活動

十八世紀末のロンドンにアレンという人物が小売本屋を開業した。場所は、ロンドンの真ん中のレデンホール街で、近くにイギリス東インド会社の本部があった（図21）。それは偶然ではなく、アレンはイギリス東インド会社の社員やインド行きのイギリス軍人などが必要とする本を、最初は小売りし、のちには出版もしていたのだ。営業パートナーにはパーベリーという人物がいた。十九世紀になってからは、アレンとパーベリーのそれぞれの二代目が東洋関係の書物を専門として売買活動を継続し、一八三一年からは販売目録▲まで出版していた。

パーベリーとアレンが一八三三年に出した『東洋の文学関係書販売目録』の冒頭には、「イギリス東インド会社御用達《ごようたし》」とまで書いてある▲（図22）。その目次にはアラビア語、ペルシア語、サンスクリット語、ヒンズー語、ベンガル語など、三十四ヶ国語の辞書、文法書、翻訳などがリストアップされており、日本語の項

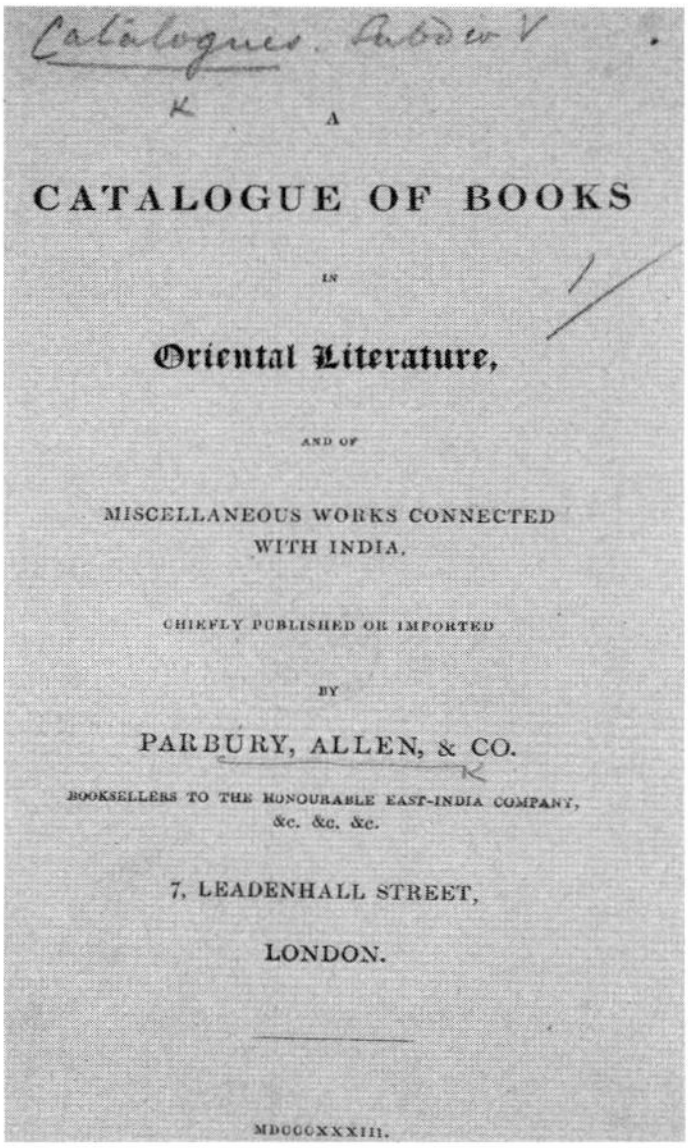

A

CATALOGUE OF BOOKS

IN

Oriental Literature,

AND OF

MISCELLANEOUS WORKS CONNECTED WITH INDIA,

CHIEFLY PUBLISHED OR IMPORTED

BY

PARBURY, ALLEN, & CO.

BOOKSELLERS TO THE HONOURABLE EAST-INDIA COMPANY, &c. &c. &c.

7, LEADENHALL STREET,

LONDON.

MDCCCXXXIII.

図22　パーベリーとアレンが1833年に出した『東洋の文学関係書販売目録』。

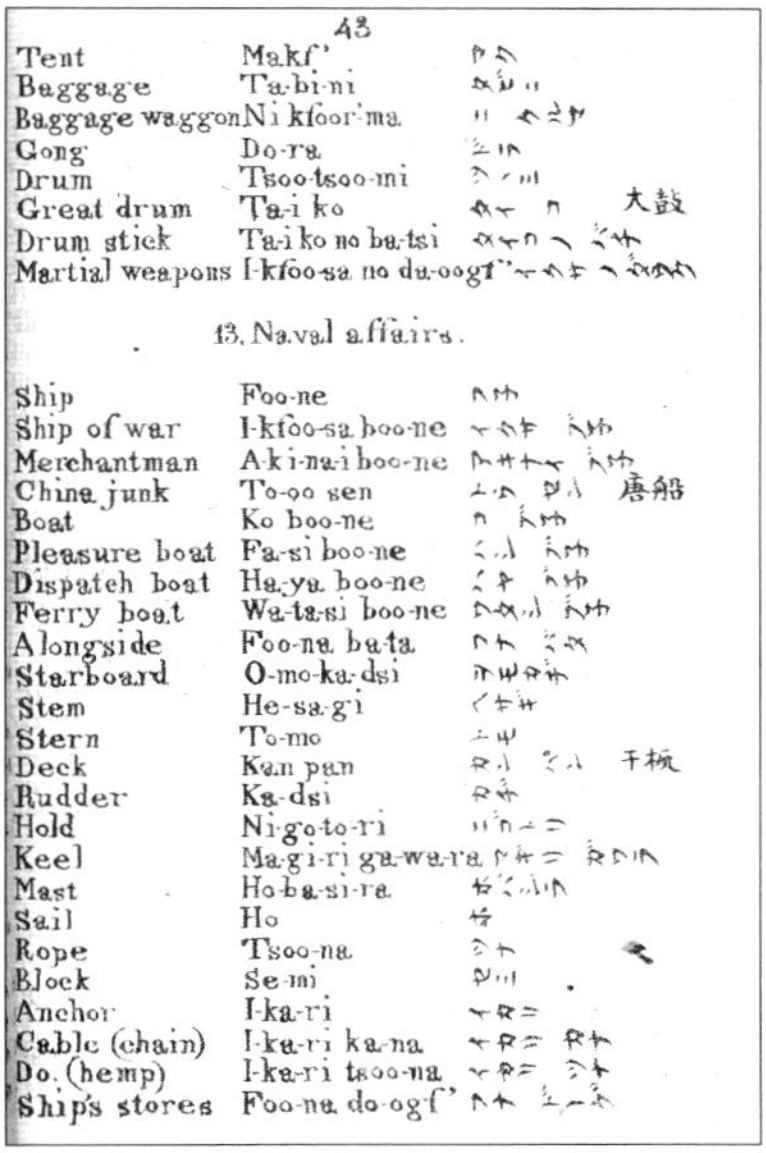

43

Tent	Makf'	
Baggage	Ta-bi-ni	
Baggage waggon	Ni kfoor-ma	
Gong	Do-ra	
Drum	Tsoo-tsoo-mi	
Great drum	Ta-i ko	大鼓
Drum stick	Ta-i ko no ba-tsi	
Martial weapons	I-kfoo-sa no du-oogf'	

13. Naval affairs.

Ship	Foo-ne	
Ship of war	I-kfoo-sa boo-ne	
Merchantman	A-ki-na-i boo-ne	
China junk	To-oo sen	唐船
Boat	Ko boo-ne	
Pleasure boat	Fa-si boo-ne	
Dispatch boat	Ha-ya boo-ne	
Ferry boat	Wa-ta-si boo-ne	
Alongside	Foo-na ba-ta	
Starboard	O-mo-ka-dsi	
Stem	He-sa-gi	
Stern	To-mo	
Deck	Kan pan	干板
Rudder	Ka-dsi	
Hold	Ni-go-to-ri	
Keel	Ma-gi-ri ga-wa-ra	
Mast	Ho-ba-si-ra	
Sail	Ho	
Rope	Tsoo-na	
Block	Se-mi	
Anchor	I-ka-ri	
Cable (chain)	I-ka-ri ka-na	
Do. (hemp)	I-ka-ri tsoo-na	
Ship's stores	Foo-na do-ogf'	

図23　メドハーストが作成した英和・和英辞書（1830年）の43頁。左欄は英語、中欄は日本語の発音、右欄は片仮名表記（変体仮名の場合もある）の日本語（漢字表記の場合もある）。

目は一点しかない。その一点はウォルター・ヘンリー・メドハースト▲というイギリス人が作成した英和・和英辞書で、一八三〇年にバタヴィアで出版された（図23）。片仮名表記や漢字表記が入っているので、石版印刷を利用して出版した。著者のメドハーストは序文で、日本へ一度も行ったことがなく、日本人と話したこともなかったが、「日本からきた紳士数人」のおかげで数冊の日本書籍を拝見することができ、それを頼りに辞書を作成した、と断っている。その「日本からきた紳士数人」とは、出島からバタヴィアへ戻ってきたオランダ商館の関係者たちのことだったに相違なく、オランダ人が出島から書籍を持ってバタヴィアへ帰ることが多かったことを暗示している。

アレンとパーベリーは、その後、別々に活

ウォルター・ヘンリー・メドハースト Walter Henry Medhurst（一七九六―一八五七）は印刷技術を学んでから宣教師となり、マラッカ、ペナン、バタヴィアで活躍した。中国語をマスターして、辞書、研究書、翻訳など、業績が多い。日本語は上記の『英和・和英語彙』が知られている。

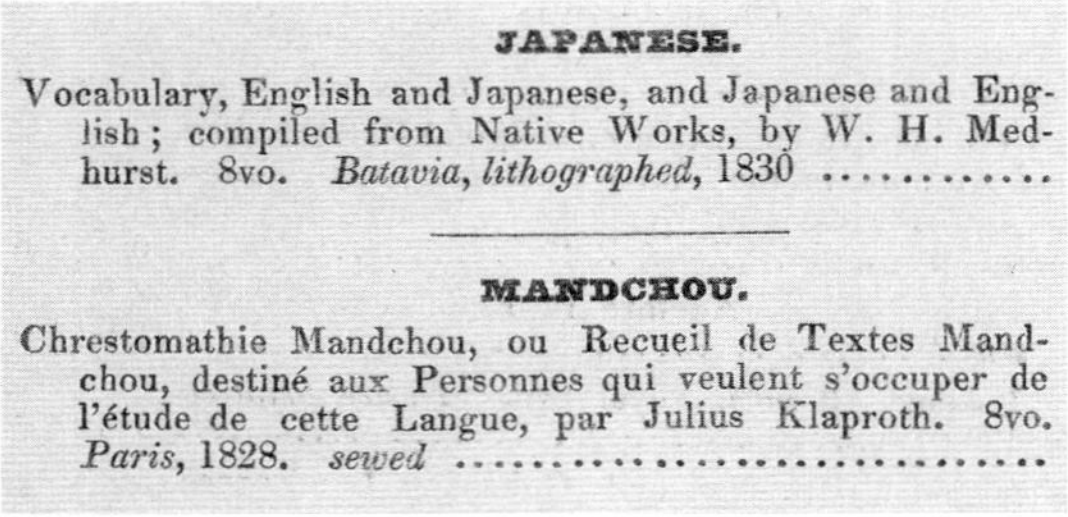
JAPANESE.

Vocabulary, English and Japanese, and Japanese and English; compiled from Native Works, by W. H. Medhurst. 8vo. *Batavia, lithographed*, 1830 ....

MANDCHOU.

Chrestomathie Mandchou, ou Recueil de Textes Mandchou, destiné aux Personnes qui veulent s'occuper de l'étude de cette Langue, par Julius Klaproth. 8vo. *Paris*, 1828. *sewed* ....

図24　アレンの『東洋の文学関係書販売目録』34頁の日本語項目と満州語項目。

躍するようになった。アレンのほうは、一八三六年に『東洋関係図書目録』を、また翌一八三七年に『東洋の文学関係書販売目録』を刊行した。▲『東洋関係図書目録』のほうは圧倒的にインド関係の出版書や地図が多く、わずかながら中国、オーストラリア関係の書籍も含まれている。それはイギリス人が活躍しているインド、中国沿岸の居留地やオーストラリアの植民地を焦点に商売していたことを物語っている。『東洋の文学関係書販売目録』（一八三七年刊）のほうは、冒頭の扉頁が一八三三年にパーベリーと一緒に出した目録とほとんど変わらない。ただ、名前と出版年だけが改正されている。内容も、ほとんど変化が見られず、日本語項目も例のメドハーストの英和・和英辞書だけだ（図24）。日本語項目のすぐ下に、なんと満州語の項目がある。それも一点しかなく、例のクラプロートがフランス語で書いた満州文の教科書である。ヨーロッパには、満州語を習いたい人はまさかいないだろうと思われるかもしれない。だが、中国の清朝では、漢文と満文を並記した、いわゆる満漢合壁《がっぺき》本がたくさん出版され、西洋人にとっては割と習いやすい満文をたよりにして漢文を理解しようとすることがよくあったので、案外、満州語の教科書に対する需要があった。

『東洋の文学関係書販売目録』の中国語項目は、ほとんどヨーロッパ人が作成した辞書、文法書などからなっているが、中国から輸入された木版印刷の本も二、三点入っている。目録の後半には、「東洋」の歴史や地理を説明した本とか、西洋人の紀行文などがリストアップされている。そのなかに日本関係の本が二点ある。一つは『San kokf tsou ran to sets』という不思議なローマ字で、もう一つは『Annales des empereurs du Japon』(日本の歴代天皇)というフランス語表記のタイトルである。前者のほうは、実は、林子平《はやししへい》▲の『三国通覧図説《さんごくつうらんずせつ》』のことだが、これは原文ではなく、クラプロートによるフランス語訳で、一八三二年にパリで刊行された。クラプロートの序文には、イルクーツク滞在中に原典を入手し、難解のところを新蔵に説明してもらった、と書いてある。『三国通覧図説』は、朝鮮半島、琉球王国および蝦夷地《えぞち》を地図と文章で説明したもので、東アジアの地理書として西洋人に好まれ、ヨーロッパの各国の図書館などに伝本が多い。後者のほうは、林鵞峰《がほう》▲が慶安五年(一六五二)に書いた『日本王代一覧』のフランス語訳で、翻訳はオランダ商館のティチングの手による。ティチングの死後には、クラプロートがそれを編集し、注や解説をつけ、これも一八三四年にパリで刊行された。

このように、一八三六年の段階では、アレンは直接インド、中国などから書籍を輸入していたが、日本についてはまだ無理だった。しかし、日本語および日本のことに興味を持っている読者を予想していたことは事実のようだ。

アレンのほうは…… *Catalogues of books relating to the East, published by Wm. H. Allen and Co.* (1836) および *A catalogue of books of oriental literature* (1837). いずれも大英図書館蔵。

林子平 一七三八—九三。一応、仙台藩士として仕えたが、あとは日本国中を旅行し、ロシアの脅威を感じた。『三国通覧図説』は天明五年(一七八五)に出版されたが、写本のかたちでも日本中広く流布したらしい。寛政三年(一七九一)に『海国兵談』を完成し刊行したが、幕府の海防政策を批判したので忌諱に触れ、絶版となった。

林鵞峰 一六一八—八〇。林羅山の三男で、一六五七年の父の死後、林家を継ぎ、幕府に奉事した。現在よく知られている「日本三景」というのは鵞峰が書いた『日本国事跡考《にほんこくじせきこう》』に由来する。

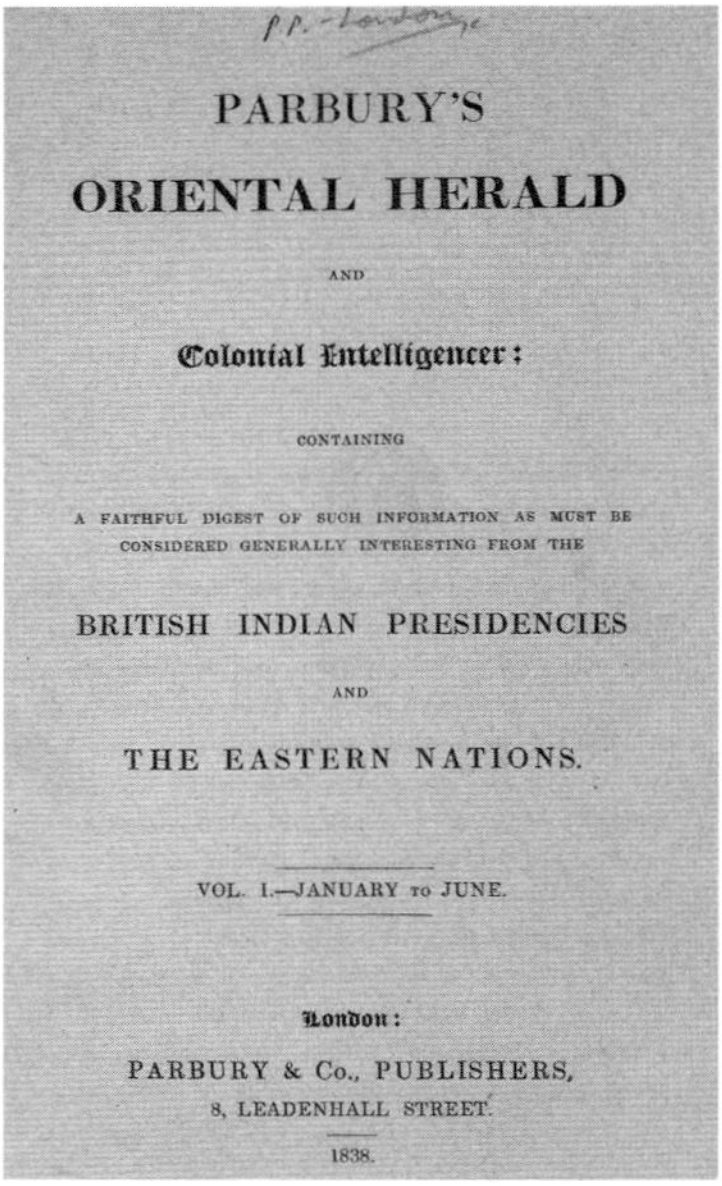
PARBURY'S
ORIENTAL HERALD
AND
Colonial Intelligencer:
CONTAINING
A FAITHFUL DIGEST OF SUCH INFORMATION AS MUST BE CONSIDERED GENERALLY INTERESTING FROM THE
BRITISH INDIAN PRESIDENCIES
AND
THE EASTERN NATIONS.
VOL. I.—JANUARY TO JUNE.
London:
PARBURY & Co., PUBLISHERS,
8, LEADENHALL STREET.
1838.

図25『パーベリー氏の東洋先駆誌および植民地情報誌』創刊号の扉。

パーベリー二代目のジョージ・パーベリー▲は、一八三八年に『パーベリー氏の東洋先駆誌および植民地情報誌』という雑誌を出版するようになった。扉が示すとおり（図25）、インドの英国領地だけでなく、「東洋諸国」にも目を向けていた。第一巻に「英国商業の拡張と日本」という無名の論文が載っている。長文のもので、冒頭に日欧関係史を概略し、次に出島のオランダ貿易を詳しく分析している。最後に、英国製の薬品および羊毛製品などが、日本の市場で大きな売れ行きを期待できるというように、日英の将来の貿易関係について考察している。全体としては日本に対して好意的な態度が見られ、また、まるで明治三十五年の日英同盟▲を予期するかのように、ロシアの東アジア進出を目の前にする日本は、列強の一

ジョージ・パーベリー George Parbury（一八〇七—八二）は一八二八年にインドのコルカタへ向かい、ロンドンの本店から書物を取り寄せ小売り販売をはじめた。一八三二年に帰国したが、その後、二回ほどインドへ行き、紀行文まで書いた。

日英同盟 ロシア帝国の東アジア進出への対策として、日本とイギリスの間で結ばれた軍事同盟、明治三十五年（一九〇二）に条約が調印された。大正十二年（一九二三）に失効した。

ロシアの東アジア進出を……　*Parbury's Oriental Herald and Colonial Intelligencer* 一巻二号所収。大英図書館蔵。

つであるイギリスと友好関係を結べばよい、と論を閉じる。▲

アレンやパーベリーが、インドを中心にアジアのことを考えていたことは明白だ。しかし、その視野には中国、日本も入っており、欧州各国から情報を集め、アジア関係の書籍を取り寄せ、顧客へ提供しようとしていた。

2　ロンドン古本屋のバーナード・クォーリッチ

幕末のロンドンには、驚くことに日本人の留学生がすでに数十人ほど生活していた。幕府の奨学金受容のものもいれば、江戸幕府に反対していた倒幕派のものもいた。すでに文久三年（一八六三）には、明治十八年（一八八五）に日本の初代総理大臣となった伊藤博文《いとうひろぶみ》や同年に初代外務大臣となった井上馨《いのうえかおる》が、三人の同僚とともに、外国船に乗り込み、日本からイギリスへ密航した。いわゆる長州五傑《ちょうしゅうごけつ》の話だが、長州だけではなかった。慶応元年（一八六五）には、薩摩から十五人もの学生がロンドン大学のユニヴァーシティ・カレッジへ派遣された。薩摩の英国留学生には、初代文部大臣を務め一橋大学を創設した森有礼《もりありのり》、初代在英日本公使となった寺島宗則《てらじまむねのり》、二回ほど在仏公使を務めた鮫島尚信《さめじまなおのぶ》などがおり、のちに立身出世するものが多かった。その他、土佐、肥前など、諸藩から若い武士がイギリスへ派遣され留学生生活を送っていた。幕府留学生のほうは慶応二年（一八六六）に十四人もイギリスへ派遣された。日本の留学生はイギリスだけに派遣されたわけではないが、幕末期は、イギリスは特に多かったのである。

明治維新前夜の時期になると、インフレのため、幕府も諸藩も財政困難に陥っていたので、日本の留学生たちが経済的不安を抱いていたことは容易に想像できる。「餓死凍死」の可能性もあると訴えた幕府留学生もいた。その原因は、ほかならぬ「金欠病」、つまり、お金に困っていたのだ。一八六八年一月二十八日（当時の日本では慶応四年一月四日）に幕府倒壊のニュースがロンドン在住の留学生のもとに届いた。当然の成り行きで、幕府からの仕送りが絶望的になったので、幕府留学生は帰国するしか道がなかった。帰国のチャンスを待っていたあいだの苦難をどうしのげばよいのかが留学生にとって喫緊《きつきん》の問題となった。

急場をしのぐ一つの方法は、いうまでもなく自分の持ち物を売り払うことだ。その持ち物とは家具とか調度類とか書物とかであり、実際にいろいろなものを売却した。日本の留学生は、実は、日本を出航する前に、わざわざ物語類、小説などの読み物を荷物に入れ、ロンドンまで持って行った人も少なくなかったようだ。その本は当然すべて木版本だったが、留学生たちはその本の売却をロンドンの古書籍商バーナード・クォーリッチという人物に頼んだ。クォーリッチは一八四七年に開業し、一流の古書コレクターたちがすぐ顧客となった。クォーリッチは販売目録を定期的に出版するようになり、早くも一八五六年刊の販売目録に『新増字林玉篇補遺』（文政三年（一八二〇）刊）という漢和辞典が掲載された。▲書名の表記はいうまでもなくローマ字だけで、これはおそらくクォーリッチがオークションで購入したクラプロートの旧蔵本だったものだろう。

さて、きっかけは定かでないが、日本人留学生たちはよくクォーリッチの古書店を訪れ、ヨーロッパの古書を手にしていたようだ。クォーリッチ筆の書簡によれば、佐幕派の幕府留学生と倒幕派の諸藩の留学生とはほとんど交流がなかったようだ。クォーリッチは主に佐幕派と付き合っていた。それは知的能力の面から見れば、佐幕派のほうがインテリだったからだ、と書いている。しかし、特に金に困っていたのも佐幕派のほうだった。

留学生たちは、日本の木版本は外国ではあまりお金にならないと予想していたかもしれない。だが、タイミングは案外よかった。ちょうど彼らが本を売ろうとしていた時期に、クォーリッチの顧客で、日本の書籍を買いたがっていたイギリス人の貴族がいた。その貴族とはクローフォード伯爵第二十五代のリンゼー卿という人物で、収集家として世界の書物を買い集めようとしていた。リンゼーは書籍購買の仲立ちをクォーリッチに頼んでいたが、書物の鑑識眼があり、なるべく

一八五六年刊の……　*Bernard Quaritch catalogue* 111 (1856), p. 17, #434.

吟味してから購入することにしていた。彼のコレクションがすでに幅広くなっていた一八六二年、初めて日本の書籍も購買したくなり、それを探索するようにクォーリッチに指示したのだった。早くも翌一八六三年にクォーリッチが日本の書籍探しに成功し、江戸の地図、日本の地図、数冊の武鑑、『早引節用集』（日常百科事典、宝暦七年（一七五七）刊）、『太平記』などを購買し、のちにリンゼーに買ってもらった。一八六三年の時点で、クォーリッチはどこでこれらの本を購入することができたのだろうか。それはイギリスではなく、むしろフランスのパリやベルギーのゲント市などで行われた書物オークションで購買したようだ。たとえば、レオポルド・ヴァン・アルシュタイン男爵というベルギー人のコレクターが一八六二年に他界し、その蔵書が翌一八六三年にゲント市でオークションにかかった。そのオークション目録によれば、ヴァン・アルシュタイン男爵はかなり多くの日本書籍を持っていたようだが、いったいどこから買い集めたのだろうか。一部は十九世紀初頭のオークション、たとえばティチング、クラプロート、それからフランスの東洋学者レムザ▲などの死後蔵書オークションで購入した。これらはすべて日本開国以前にヨーロッパへ流れた書籍で、もともとは出島のオランダ商館関係者が持って帰ったものがほとんどであり、日本人漂流民がロシアへ持っていき、のちにヨーロッパへ流れたものが入っていたとしてもごくわずかだった

レムザ Jean-Pierre Abel Rémusat（一七八八—一八三二）。彼の蔵書が一八三三年にパリのオークションで売却された。

ろう。つまり、開国以前にヨーロッパへ流れた書籍はあいついでコレクターからコレクターへ移転するというパターンだった。

ちょうどリンゼーが日本書籍を購入したいと思っていた時期に、金に困っていた日本人留学生たちが持参の和書を売ろうとしていた。▲むろん、リンゼーにとってオークションという入手方法は相変わらずある。しかし、今度は新しくヨーロッパへ持ち込まれた書籍が古書市場に入りはじめていたのである。明治元年に留学生たちから日本書籍を寄託されたクォーリッチは、ただちにリンゼーに通知した。その結果、リンゼーが選択して必要な書物を購入することとした。選択の基準は、まず漢籍がいらないということ、それからなるべく日本古典文学の代表作を選ぶことを目当てにしていたようである。たとえば、留学生の箕作奎吾《みつくりけいご》（嘉永五年（一八五二）生まれ）というまだ十六歳の若者がクォーリッチに宛てた書簡に、『太平記』、『十八史略』（中国の南宋時代に編輯された子供向けの歴史読本）などを処分したいと書いた。リンゼーは『十八史略』などがいらないといって、『太平記』だけを購入し、『日本書紀』や『平家物語』はないのかと問いただした。リンゼーが日本文学についての知識をある程度持っていたことは明瞭で、クォーリッチを通して箕作奎吾に対し、たびたび処分したい書物の簡単な内容の英語解説をつけるように頼んでいる。

日本人留学生たちが……　クォーリッチの日本人留学生との関係については、歌野博「幕末英国留学生の書物売り払いの話」（『日本古書通信』八〇六—八〇八号、一九九六年）および拙稿 'The Japanese collection in the Bibliotheca Lindesiana,' *Bulletin of the John Rylands Library of Manchester* 75-2, 1993 参照。

その留学生たちとは、決して無名の日本人ではなかった。右記の箕作奎吾は蘭学で有名な箕作家の長男として生まれ、英語が達者になったので、まだ十六歳になっていないのに幕府の国際教育機関だった蕃書調所《ばんしょしらべしょ》で教えるようになった。帰国してから開成《かいせい》学校（東京大学の前身）の教壇に登ったが、明治四年（一八七一）に夭折した。もう一人は外山正一《とやままさかず》（嘉永元年（一八四八）生まれ）だった。彼は帝国大学総長、文部大臣などを歴任し、西洋詩の影響を受けた「新体詩」を紹介した『新体詩抄』（明治十五年）の三人の編者の一人でもあった。

これまで見てきたとおり、クォーリッチがリンゼーに提供していた日本書籍は、最初はヨーロッパのオークションで落札した本、それから日本人留学生たちに寄託してもらった本だったのである。その他、日本に滞在した外国人がクォーリッチと交渉したケースもあった。そのなかには一時帰国していた前記のディッケンズやシーボルトの長男ハインリッヒが含まれ、それぞれの蔵書の一部をリンゼーが購入した。リンゼーはディッケンズによる『百人一首』の英訳などを読んだせいか、ディッケンズを信頼していたようで、ディッケンズが日本へ戻ったのち書籍を取り寄せるように頼んだが、実際に取り寄せたのかどうかは不明である。クォーリッチはこのように齷齪《あくせく》と日本書籍を探索していたが、当時は、日本書籍を買ってくれる顧客は、リンゼー以外ほとんどいなかったことは事実である。

3　トリュープナー社

最後に、クォーリッチとほぼ同時期に活躍していたニコラス・トリュープナーという人物を紹介し、彼の日本関係書籍売買の活動とその意義を探りたいと思う。

トリュープナーは、ドイツのハイデルベルク市に生まれ、高校卒業後、ハイデルベルク大学の教科書などを専門にしていた本屋モールに見習い生として六年間奉公した。その後、ドイツのゲッティンゲン、ハンブルク、フランクフルトなどの本屋に勤めながら学者との交流を深めた。一八四三年に、イギリスの出版社ロングマンの誘いで、ロンドンへ渡り、ロングマン社勤務中に英語が達者になった。一八五一年にロングマン社を辞め、二人のイギリス人と一緒に、書籍業の会社を設立した。最初はアメリカに出版された書物を販売し、のちにはインドやアジア関係の出版物を中心に取り扱うようになった。それはトリュープナー自身に、サンスクリット語およびヘブライ語の研究経験もあったことと無関係ではなかったのであろう。

トリュープナーは、一八六五年に『トリュープナーのアメリカや東洋の文献記録▲』という雑誌を発刊し、一八九一年まで続いた。それはアメリカや「オリエン

▲『トリュープナーのアメリカや東洋の文献記録』 *Trübner's American and Oriental Literary Record.*

ト」、つまり中近東、インド、東アジアの出版情報を提供するものだったが、目的はもちろん販売を増やすためだった。一八七八年に「トリューブナーの東洋シリーズ」というシリーズ名のもとで、アジア関係の書物の出版活動を始めた。その第一号として『全世界の主な言語や方言の辞書・文法書目録、付一流の言語学関係書のリスト』▲を出版した。

『トリューブナーのアメリカや東洋の文献記録』誌の第一号（一八六五年）の冒頭▲には次のように断ってある。

　我々は英国、またはヨーロッパの読書社会に、東西の文献をより徹底的に紹介したくて、本誌の読者へ、南北アメリカ、インド、中国、および東洋全体の重要な書物を記録し、毎月提供する所存である。

『トリューブナーのアメリカや東洋の文献記録』は単なる販売目録ではなく、最近の文学ニュースを伝える小論も載っていた。一八七〇年に「日本の小説」と題したものもあるが、それはイギリス人のバートラム・ミットフォードが書いたものの宣伝にほかならない。ミットフォードは東京の英国公使館在任中、イギリスの総合雑誌に日本の切腹の伝統などをテーマにしたエッセイを投稿しており、帰

全世界の主な言語や……　*A Catalogue of Dictionaries and Grammars of the principal languages and dialects of the world, with a list of the leading works in the science of language, etc.* (London: Trübner & Co., 1872).

第1号の冒頭　*Trübner's American and Oriental Literary Record*, 1 (16 March 1865), p. 1.

国後、『古い日本の物語』▲（一八七一年刊）を執筆した。だからトリュープナーの小論▲は結局その予告に過ぎなかった。

　さて、『トリュープナーのアメリカや東洋の文献記録』の第一号に紹介された書物は、米国、ペルー、ブラジル、インドで出版されたものしかないが、第七号には初代駐日英国公使ラザーフォード・オルコックの著書『日本文法概略』（上海、一八六一年）や『日常日本語会話』（一八六三年）、それからブラウン著『日本語の口語』（上海、一八六三年）の販売広告、また、二〇号（一八六六年）には、フランス人日本学者ド・ロニーとイタリア人の日本学者セヴェリニによる『日本語会話手引書』というイタリア語の日本語教科書の販売広告が見える。▲

　一八六七年になってから突然、中国語、満州語、日本語の文献も紹介されるようになった。二二号（一八六七年刊）に「日本文学」という項目が初めて見え、そのなかになんと三十八点の和書（木版本）が並んでいる。▲それぞれにローマ字のタイトル、値段、冊数、出版地の他、簡単な英語の解説がついている。それは全部トリュープナー経営の本店で入手できると書いてあるので、すでにイギリスに輸入されていたことが分かる。それらの書物がどのように輸入されたのか、また誰が書名のローマ字を当て、英語の解説を提供したのだろうか。翌一八六八年発行の三二号の「日本文学」項目の最初に「英文ローマ字および解説はロンドン

『古い日本の物語』　*Tales of old Japan.*　これは忠臣蔵など、彼が日本語で読んだ文学作品を英語で翻訳したり書き直したりしたものだ。

トリュープナーの小論　*Trübner's American and Oriental Literary Record*. 57 (25 May 1870), p. 743.

第七号には……　*Trübner's American and Oriental Literary Record*, 7 (16 September 1865) p. 133, 20 (2 November 1866).

二二号……　同誌22 (31 January 1867), p. 391.

在住の日本人紳士による」というように断ってあるので、おそらく前年の場合もそうであったろう。その「日本人紳士」が誰だったのかは残念ながら明記されていないが、留学していた日本人の誰かだろう。

さて、その三十八点の和書は、ローマ字表記の方法が固定していなかったこともあろうが、「日本人紳士」のタイトル読みがうまく聞き取れなかったせいか、確認できないものもある。以下は、ローマ字タイトルおよび内容の説明を頼りに、書名を推測したものである。

Bansio-sha sinds　『万象写真図譜』。画家・玉蘭斎貞秀《ぎよくらんさいさだひで》による絵本（元治元年序刊）。

Cinato-no koze　未詳。三冊、古代日本語についての本だと説明してある。

Gen-hei Seisuiki　『源平盛衰記《げんぺいせいすいき》』。軍記物で、『平家物語』の異本と考えられている。江戸初期以来、数回出版された。

Gohau-tsgen　『五方通語《ごほうつうご》』（安政四年刊）。日本語の言葉を並べ、その意味に該当するフランス語、英語、オランダ語およびラテン語の言葉を当てたもの。

Hei-ke monogatari　『平家物語』。代表的軍記物。江戸初期以来、数回出版された。

Hiyaku ninishe　『百人一首』。これも江戸初期以来、数回出版された。

Hiyaku ninishe histosekiwa　『百人一首一夕話』（天保四年刊）。大石真虎《おおいしまとら》の画図がついている『百人一首』の注釈書。

Hokusai monga　『北斎《ほくさい》漫画』（初編文化十一年刊、十三編嘉永二年刊）。葛飾北斎の代表的絵本で、ヨーロッパ人・アメリカ人が好んだ。

Hokusai zotsga　『北斎麁画《そが》』（文政三年刊）のことか。

Kannongue　未詳。『観音経』のことか。説明は「屏風のような形の本で、仏教の祈りの本」となっているので仏教関係の折本。

Kan-yei zatswa　『漢英通用雑話』（万延元年刊）。英語の辞書。

Kei-ten yosi (Daigoku)　『経典余師《けいてんよし》大学』。次の三点と同様、中国の古典に谷百年《たにひゃくねん》という人物が訓点、読みくだしや非常に分かりやすい解説をつけた経典余師シリーズの一部。シリーズは人気を博し、売れ行きがよくて、何回も版を改めた（図26）。

Kei-ten yosi (Kinsiroku)　『経典余師近思録《きんしろく》』。

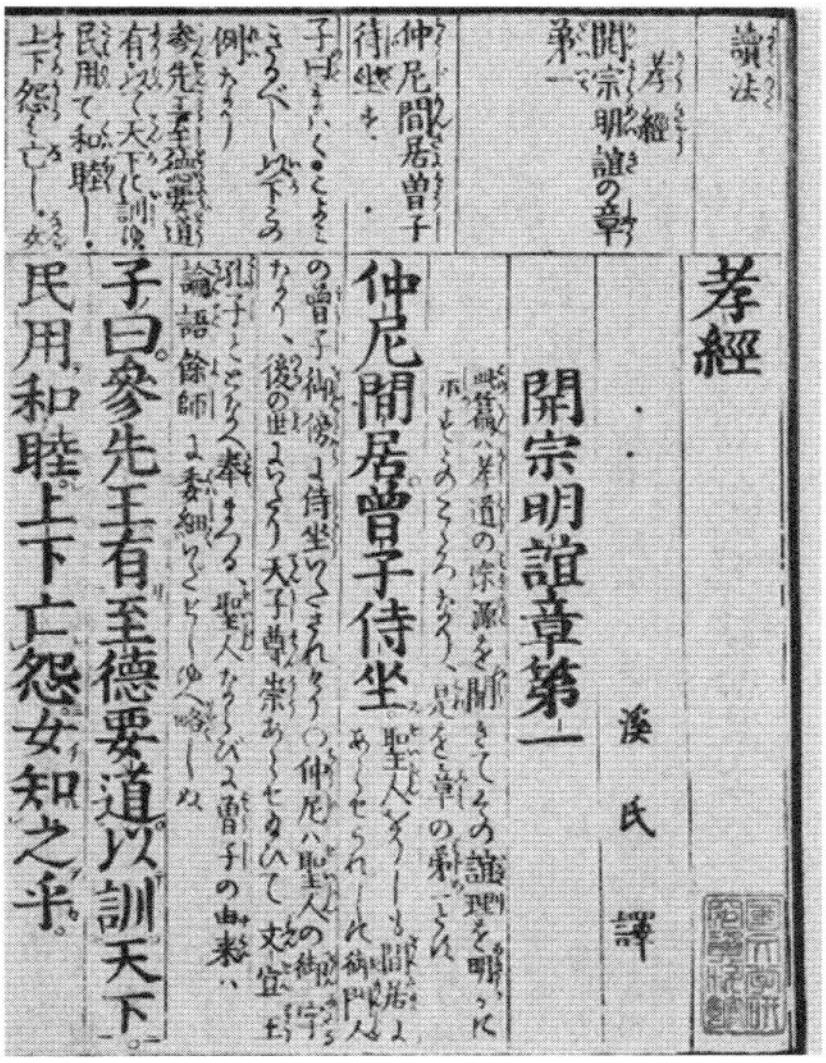
孝經

開宗明誼章第一

漢氏譯

仲尼閒居曾子侍坐

子曰參先王有至德要道以訓天下

民用和睦上下亡怨女知之乎

図26　『経典余師孝経』（天保14年（1843）刊）。原文に訓点と振り仮名付き双行小字注を、上欄に振り仮名付き読みくだしまで施してある。

Kei-ten yosi (Liki)　『経典余師礼記《らいき》』。

Kei-ten yosi (Shio-kiou)　『経典余師書経《しょきょう》』。

Kin-gin yeroku　『金銀図録』のことだろう。近藤正斎による貨幣の本（文化七年刊）。

Kokugen geuds　『国郡全図』（天保八年（一八三七）刊）のことか。「日本の地理および日本の図が入っている本、二冊」。

Kokugen geuds　『国郡全図』のことか。上記の本と書名が同じだが、説明によれば「各時代の大名の領地」の本だと書いてあるので、別書なのか誤植なのか。

Kokusiraku　『国史略』（文政九年（一八二六）刊）。これは神代から天正十六年（一五八八）に至るまでの日本通史を、漢文で述べたもの。幕末に非常に流行し、在日のヨーロッパ人も入手したのでヨーロッパの図書館に伝本が多い。

Longotsan　『蘭語通』のことか。安政五年（一八五八）に刊行されたオランダ語の手引書。

Nihon gaishe　『日本外史』。頼山陽《らいさんよう》が文政十年（一八二七）に書いた日本通史。幕末に非常に流行し、何回も版を改めた。ヨーロッパの図書館にも伝本が多い。

Nihon kohuran itirands　未詳。「多色日本地図」との説明がある。『日本郡国一覧』（文久二年）のことか。

Nihon sansui no meibutsu　「日本全国の諸商売や工匠についての絵入り本」という説明がついている。『日本山海名産図会』のことか。

Onna-sio-rai ayanishiki　『女諸礼綾錦《おんなしょれいあやにしき》』。女性向けの往来物（教科書）。同じタイトルで絵師と内容が違うものがあるが、おそらく天保十二年（一八四一）刊のもの。

Sansui kigan　『山水奇観』。前編が寛政十二年（一八〇〇）、後編が享和二年（一八〇二）に刊行された絵画集。

Saubai-aurai edibiki　『商売往来絵字引』（元治元年序刊）。商売用語が入っている絵入り往来物。

Shin-can sei kon-hon dskon　『新校正孔方図《しんこうせいこうほうず》鑑《かん》』。文化十二年（一八一五）に刊行された絵入り古銭の本。パリの東洋語学校図書館、ベルリンの国立図書館などに所蔵されているから十九世紀のヨーロッパ人に歓迎されたものらしい。

Sin-eki　『神易選』（明和七年（一七七〇）刊）という占卜《せんぼく》の本のことか。説明によると「運命、予兆、予言」の本だと書いてある。

Taizet-sio manreki　『永代大雑書万暦大成《えいたいおおざつしょばんれきたいせい》』（天保十三年（一八四二）刊）のこと

か。大雑書とは日常生活を中心にした百科事典のような参考書。

Tegami aubun　『手紙案文《てがみあんぶん》』。弘化二年（一八四五）に刊行された手紙の書き方を中心にした往来物。

Yeddo eds　『江戸絵図』。江戸の地図で、ほとんど毎年訂正され再版された。

Yeddo mei-siyo dskei　『江戸名所図絵』（天保五―七年刊）。長谷川雪旦《はせがわせったん》画による江戸の名所の鳥瞰図などが入っている地誌紀行図鑑。在日外国人が購入しがちなもので、この目録ではほかの書物よりも遥《はる》かに値段が高いものだった。

Ye-hon tuesingura　忠臣蔵を絵本にしたものが多いが、おそらく渓斎英泉画の『絵本忠臣蔵』（天保年間刊）のことだろう。

Yokohama eds　『横浜絵図』。横浜の絵入り地図、幕末にほとんど毎年訂正され再版された。

Yokohama gaikokugin smainods　未詳。『横浜御開地明細之図』（安政六年（一八五九）刊）のことか。

Yosi-ie yoroigui no den　『義家朝臣鎧着用次第《よしいえあそんよろいちゃくようしだい》』（安永九年（一七八〇）刊）のことか。

Yositsne kuncanki　『義経蝦夷勲功記《よしつねえぞくんこうき》』初編（嘉永七年序刊）のことか。源義経《みなもとのよしつね》は衣川館《ころもがわのたち》で自害したのではなく、奥州から蝦夷地へ逃げたという伝説をテーマにした絵入り伝記。

Yositsne kuncanki『義経蝦夷勲功記』の四編（同年刊）のことか。

まず、一八六七年にこれほどの日本書籍を英語で説明し、イギリス人の読者に提供しているところは驚愕せずにいられない。なお、トリュープナーの目録に載っている書物は、ロンドン在住の日本人が金欠病をしのぐために売却したとは思えず、むしろ南北アメリカやインドの書物と同様、日本から直接に取り寄せたもののようである。それはなぜかというと、『商売往来絵字引』、『江戸絵図』など、幕府や諸藩の留学生たちがわざわざ海外に持って行くとは考えられないような書物がかなり入っているからである。そして『北斎漫画』、『金銀図録』のような絵入り本などは、外国人の日本書籍への趣味が働いている気配が窺える。これらの書籍を日本からトリュープナーへ発送したのは日本在住のイギリス人だっただろうが、誰であるかは残念ながら特定できない。

さて、『トリュープナーのアメリカや東洋の文献記録』の三二号にも日本文学の項目が出ているが、スケールが小さくなっており、二二号と重複するタイトルが一つだけとなっていることは、二二号に掲載された書籍がもう品切れという意味なのだろうか（図27）。前に触れたように、「[タイトルの]英語のローマ字や解

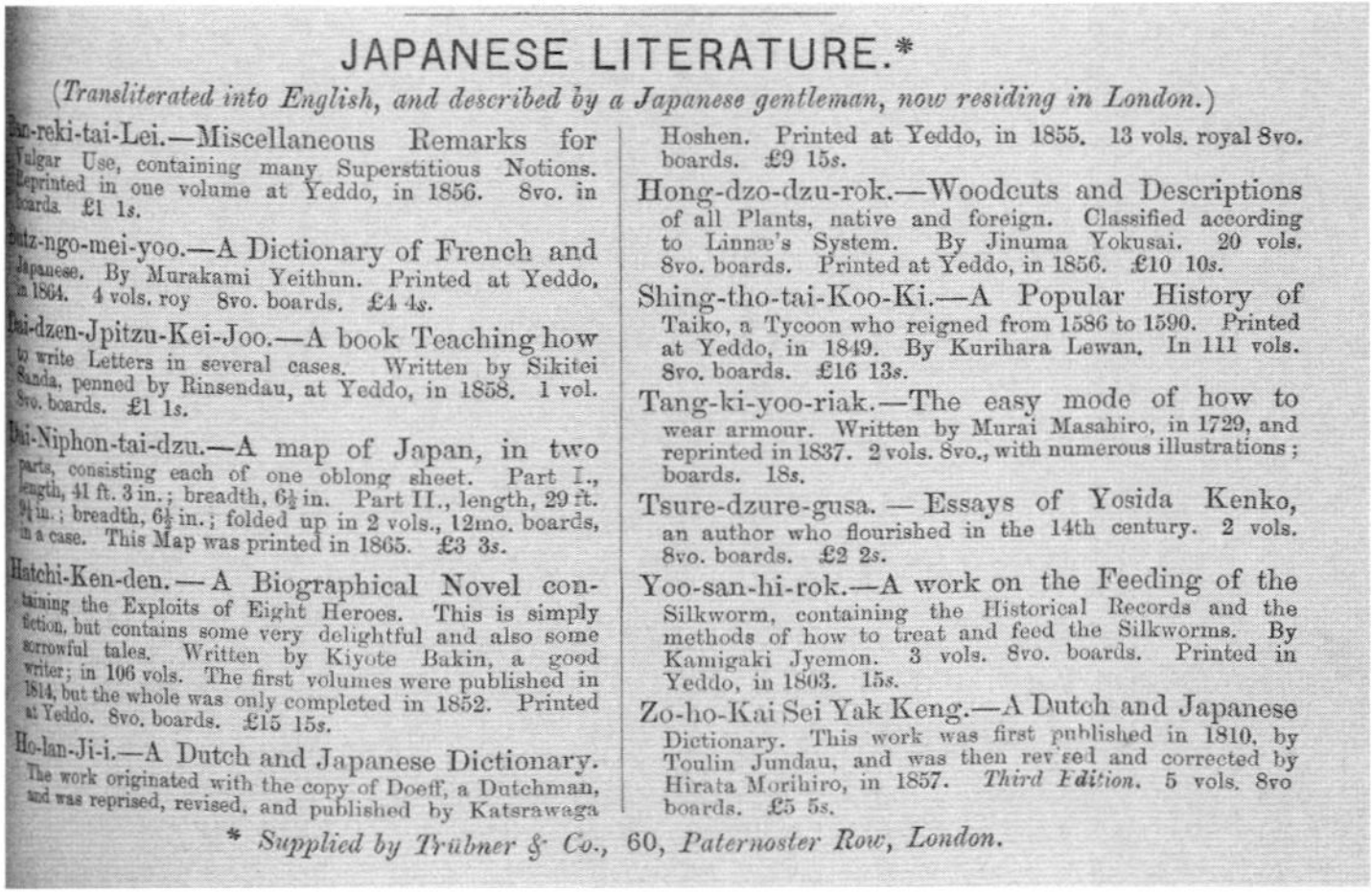
JAPANESE LITERATURE.*

(*Transliterated into English, and described by a Japanese gentleman, now residing in London.*)

Ban-reki-tai-Lei.—Miscellaneous Remarks for Vulgar Use, containing many Superstitious Notions. Reprinted in one volume at Yeddo, in 1856. 8vo. in boards. £1 1*s*.

Butz-ngo-mei-yoo.—A Dictionary of French and Japanese. By Murakami Yeithun. Printed at Yeddo, in 1864. 4 vols. roy 8vo. boards. £4 4*s*.

Tai-dzen-Jpitzu-Kei-Joo.—A book Teaching how to write Letters in several cases. Written by Sikitei Sanda, penned by Rinsendau, at Yeddo, in 1858. 1 vol. 8vo. boards. £1 1s.

Dai-Niphon-tai-dzu.—A map of Japan, in two parts, consisting each of one oblong sheet. Part I., length, 41 ft. 3 in.; breadth, 6½ in. Part II., length, 29 ft. 9¼ in.; breadth, 6½ in.; folded up in 2 vols., 12mo. boards, in a case. This Map was printed in 1865. £3 3*s*.

Hatchi-Ken-den.—A Biographical Novel containing the Exploits of Eight Heroes. This is simply fiction, but contains some very delightful and also some sorrowful tales. Written by Kiyote Bakin, a good writer; in 106 vols. The first volumes were published in 1814, but the whole was only completed in 1852. Printed at Yeddo. 8vo. boards. £15 15*s*.

Ho-lan-Ji-i.—A Dutch and Japanese Dictionary. The work originated with the copy of Doeff, a Dutchman, and was reprised, revised, and published by Katsrawaga Hoshen. Printed at Yeddo, in 1855. 13 vols. royal 8vo. boards. £9 15*s*.

Hong-dzo-dzu-rok.—Woodcuts and Descriptions of all Plants, native and foreign. Classified according to Linnæ's System. By Jinuma Yokusai. 20 vols. 8vo. boards. Printed at Yeddo, in 1856. £10 10*s*.

Shing-tho-tai-Koo-Ki.—A Popular History of Taiko, a Tycoon who reigned from 1586 to 1590. Printed at Yeddo, in 1849. By Kurihara Lewan. In 111 vols. 8vo. boards. £16 13*s*.

Tang-ki-yoo-riak.—The easy mode of how to wear armour. Written by Murai Masahiro, in 1729, and reprinted in 1837. 2 vols. 8vo., with numerous illustrations; boards. 18*s*.

Tsure-dzure-gusa. — Essays of Yosida Kenko, an author who flourished in the 14th century. 2 vols. 8vo. boards. £2 2*s*.

Yoo-san-hi-rok.—A work on the Feeding of the Silkworm, containing the Historical Records and the methods of how to treat and feed the Silkworms. By Kamigaki Jyemon. 3 vols. 8vo. boards. Printed in Yeddo, in 1803. 15*s*.

Zo-ho-Kai Sei Yak Keng.—A Dutch and Japanese Dictionary. This work was first published in 1810, by Toulin Jundau, and was then rev'sed and corrected by Hirata Morihiro, in 1857. *Third Edition*. 5 vols. 8vo boards. £5 5*s*.

* *Supplied by Trübner & Co.*, 60, *Paternoster Row, London.*

図27　『トリュープナーのアメリカや東洋の文献記録』32号（1868年２月25日）の日本文学の項目。

説はロンドン在住の日本人紳士による」と断ってあるが、刊行地や刊行年も書いてある。掲載されている十二点は次のとおりである。

1　タイトル読みが「バンレキタイレイ」となっているが、おそらく二二号掲載のTaizet-sio manreki＝『永代大雑書万暦大成』のことだろう。

2　『仏語明要《ふつごめいよう》』（元治元年（一八六四）刊）。フランス語の教科書。

3　『大全一筆啓上《たいぜんいっぴつけいじょう》』（安政五年（一八五八）刊）。式亭三馬《しきていさんば》という滑稽小説作家の著作で、書簡の文範からなる往来物。

4　タイトル読みが「ダイニッポンタイズ」なので『大日本大図』と思われるが、該当する地図が確認できない。

5　『南総里見八犬伝《なんそうさとみはっけんでん》』全百六巻（天保十三年（一八四二）完成）。曲亭馬琴《きょくていばきん》の代表作の読本《よみほん》。

6　『和蘭字彙《おらんだじい》』（安政二年（一八五五）刊）。江戸時代末期に、出島のオランダ商館長ヘンドリック・ドゥーフが長崎のオランダ通詞《つうじ》▲と協力して作成した蘭和辞典。

7　タイトル読みが「ホンゾウズロク」となっているが、明らかに飯沼慾斎《いいぬまよくさい》著『本草図説』（安政三年（一八五六）刊）のこと。日本の薬草の用法などを説明した本。

8　『真書太閤記《しんしょたいこうき》』は豊臣秀吉の生涯をテーマにした実録体小説で、通常は写本の形で流通していたが、幕末に栗原信充《くりはらのぶみつ》という人物が編集したテキストが刊行された。英語解説によれば嘉永二年（一八四九）刊。

9　『単騎要略被甲辨《たんきようりゃくひこうべん》』（享保十四年（一七二九）刊、補遺は天保八年（一八三七）刊）。武具の使い方を説明した本。

10　『徒然草《つれづれぐさ》』は江戸時代を通じてよく読まれた鎌倉時代末期の随筆で、江戸時代に入ってから何回も出版された。

11　『養蚕秘録《ようさんひろく》』▲（享和三年（一八〇三）刊）。蚕《かいこ》の育て方を説明した本。

12　『増補改正訳鍵《やっけん》』（安政四年（一八五七）刊）。オランダ語の辞書。

右の十二点はどうもアットランダムという感じだが、不思議なことに非常に高価な値段がついているものがいくつか入っている。『南総里見八犬伝』や『真書太閤記』は十五ポンドを超えており、現代のお金に換算すれば千五百ポンド（一

オランダ通詞　長崎で、オランダ語の通訳として勤務していた日本人。

『養蚕秘録』　この本は、すでに一八四八年にホフマンによってフランス語に訳され、*Yo-san-fi-rok; l'art d'élever les vers a soie au Japon* としてパリで出版された。

十三万円）ぐらいになるだろうから、決して安いとは言えない。

一八六八年の三六号および一八七〇年の五九号にも日本文学の項目が出ているが、これも掲載タイトル数が少ない。五九号（一八七〇年）以降発行の『トリュープナーのアメリカや東洋の文献記録』には日本文学の項目がない。

一八七六年に、トリュープナーは『中国・日本の文学書や東洋雑誌販売目録』という小冊子を出した。ただし、今度の目録は、前の『トリュープナーのアメリカや東洋の文献記録』と違い、西洋人による作品が圧倒的に多い。また、「東洋雑誌」とは広東や上海で刊行された欧文の雑誌のことを指している。書籍は、わずかに三二号掲載の『仏語明要』、一二一号掲載の『日本山海名産図会』、それから『和漢年表』などは入っているが、タイトル読みが中国読みとなっているのもあるので、ロンドン在住の日本人に頼らなくなったようだ。残りの掲載書物はケンペル、クラプロート、ホフマン、シーボルト、メドハースト、プフィッツマイアー、アストン、サトウ、ド・ロニーなどが著作した翻訳書、文法書、教科書からなっている。

『中国・日本の文学書や東洋雑誌販売目録』に日本の書籍が少ししかリストアップされず、欧文の参考書などが多くなったことは、結局、当時のイギリスでは日本書籍の売れ行きがよくないことを物語っているのかといえば、しかし、そう簡単には断言できないようだ。実は『トリュープナーのアメリカや東洋の文献記録』には、日本語の本だけでなく、インド諸言語の本などもリストアップされなくなったし、一八九一年に『文献記録』が廃刊となった。つまり、トリュープナーは日本語、中国語、インド諸言語などの本を求めている買い手を予想していたことは少々時代に先駆けすぎていたと言えよう。しかし、彼の予想は本当に外《はず》れたのだろうか。当時は、すでにサトウ、アストン、ディッケンズのように日本書籍を蒐集していたイギリス人が現れ、それにリンゼー伯爵のように、日本語が分からなくても日本書籍が欲しいというようなコレクターも出現するようになっていたのである。日本の絵入り本や絵本なら、買い手は確かにいたはずだが、トリュープナーはそのような本を中心に営業していたわけではない。彼はむしろ知識人を顧客としていたので書物の内容を重視していたと言えよう。

『トリュープナーのアメリカや東洋の文献記録』二二一号にリストアップされた三十八点およびその後の号に掲載された書籍は、結局どうなっただろうか。具体的な記録はないので、詳細は分からないが、前記のリストの書物は現在、イギリスの図書館に一部も所蔵されていないケースが少なくない。それは個人に買われたのか、それとも海外のコレクターに買われたのか、いまのところ断定できないのである。

むすび

西洋人にとっては、日本の木版本は不可思議なものだったはずだ。西洋ではたいていの本がハードカバーだったのに、日本書籍の表紙はいまの新書や文庫本と同じように柔らかいものだったので、西洋人は日本書籍を入手するとよくヨーロッパ風な半革表紙をつけたりしていた。それから西洋人の目から見れば、全体が逆さまになっているかのように、冒頭が「後ろ」にあったので、オックスフォード大学蔵の嵯峨本と同じように、取り扱いに困ったこともあった。また、なかに何が書いてあるのかがさっぱり分からなかったのである。そのように見てくると、江戸初期に平戸のイギリス商館長コックスがわざわざ日本の書籍を購入したことは簡単に説明できない。彼はいったいなぜ読めない本を買ったのだろうか。日本へ渡航する前に、印刷術はもちろん、日本に書物が存在していることさえ予想していなかったのだろうか。そうだとすれば、彼は京都へ行って、印刷されたての書籍が店頭に陳列されていることを目撃し、驚いたことだろう。それから日本で経験したことの証拠として、何でもよいがとにかく印刷された書籍をイギリスにいる知り合いに見せるために買うこととなったのだろう。購入した書籍は当然コックスにしても同僚のイートンにしてもまったく読む力を持っていなかったので、内容の説明は日本人にしてもらったことだろう。これはあくまでも私の推測だが、『吾妻鏡』は、彼らにとって、書物を印刷する技術を日本がすでに持っていたことの単なるしるしだったのかもしれない。ただし、イギリスのほうではそれらの本をあくまでも写本と見ていたことは、これまでみてきたとおりである。

ケンペルの時代、つまり元禄年間（一六八八—一七〇四）には、ヨーロッパ人が中近東、東アジアなど、遠く離れたところまで渡航したときは、必ずといっていいぐらい各地域の貨幣、植物、書物に注意していた。▲つまり、文字が読めなくてもとにかく外国の文明や自然環境の証《あかし》として上記の三つのものをなるべく収集していたのだ。その後、十八世紀末から、日本書籍が別の何かの象徴でなくなり、むしろ情報源となったのである。それは知日家のティチング、クラプロート、シーボルトのように日本語能力を活用し、日本書籍を頼りに知識を蓄える時代を迎えた、いわば日本学の台頭する時代でもあったのである。

その意味では、西洋における「日本書籍」の意義が中国・朝鮮のそれとは違っていたと言えよう。二十世紀までは、日本書籍が中国・朝鮮へ持ち込まれても、漢文でなければならず、古代は仏典、近世は儒学書という傾向が見受けられる。一方、西洋では、日本で印刷された漢籍や日本人が書いた漢文の作品が持ち込ま

ケンペルの時代……　拙稿「ヨーロッパ人による日本古銭と古銭書の収集——江戸時代を中心として」（『出土銭貨』二三号、二〇〇五年）参照。

れていないことはないが、ケンペル以来、日本語にチャレンジしていた西洋人にとっては日本語の書籍のほうが役に立つ、というような考え方が主流となったと言えるのではなかろうか。

十九世紀後半のイギリスには、日本の書籍が読める人は、外交官のサトウ、アストン、民間人のディッケンズなど、日本に長期的に生活していた数人以外はほとんどいなかった。そういう意味では、クォーリッチやトリュープナーが日本書籍をイギリス人に提供しようとしていたのはまだ早すぎたと言える。しかし、日本書籍がイギリスの本屋の販売目録に出ているのは不条理ではなかった。ちょうどクォーリッチやトリュープナーが活躍していた時期に、イギリス、ヨーロッパ全体、アメリカなどを含むように、視野が少しずつ広くなり、言語、文化、宗教などを世界レベル、つまりグローバルに見るようになりはじめていた。トリュープナーの顧客リンゼー伯爵こそがその十九世紀後半の知的傾向を反映している。リンゼーは世界の書物を蒐集するというマニアだったが、同時代のヨーロッパやアメリカでは中国や日本、つまりそれまで学問の視野に入っていなかった分野が開拓され、各国の大学に少しずつ中国、それから日本関係の教授職が設立されるようになった。日本学教授職の最初は、一八五五年にオランダのライデン大学の初代中国学・日本学教授に任命されたホフマン▲だが、その次が一八六三年にイタ

ホフマン Johann Joseph Hoffmann（一八〇五―七八）はシーボルトと知り合ってからオランダで日本語を勉強しはじめた。

リアのフィレンツェ大学の前身の東アジア言語教授となったセヴェリニと一八六八年にパリ大学の日本学教授となったド・ロニーだった。イギリスは遅れて、二十世紀になってから日本学の教授職が設立されたが、一八九一年にロンドンのジャパン・ソサイエティ（日本会）が発足し、以後の日本学の発展に拍車をかけた。結局トリュープナーがなるべく世界の本をカバーしようとしていたのはこの知的傾向の始まりを反映していると言えるのではないだろうか。

明治時代までは、日本の書籍が西洋へ流れることは、日本人が中国や朝鮮へ送り込んだのと違い、西洋人が積極的に買い集めて持って帰るパターンだった。漂流民も書籍を持っていったが、それは当然、わざわざ持っていったわけではない。日本から書籍を送り込む最初の例は明治十六年（一八八三）のことだった。前年の明治十五年に有栖川宮《ありすがわのみや》がサンクトペテルブルクに立ち寄ったときに、サンクトペテルブルク大学に日本学科があることを知り、感心し、帰国後、日本学を促進するつもりで、数千冊を寄贈した。ただし、その数千冊は和書で、明治時代の日本書籍を代表するものではなかった。同じように、大正十年（一九二一）に皇太子（のちの昭和天皇）がベルギーのルーヴァン大学を訪問した結果、ルーヴァン大学に寄贈された書籍も江戸時代の古書が多かった。▲同年に皇太子がケンブリッジ大学へ寄贈したのも、江戸時代末期に刊行された『群書類従』という膨大な叢

大正十年に……　第一次世界大戦後、戦争中に破壊されたルーヴァン大学附属図書館を再現するために、国際寄付運動が一九二一年に発足した。日本も参加し、財閥の財政的援助により、早稲田大学や図書寮などが書物を購入し、皇室の寄贈を含め、合計で一万五千冊ほどルーヴァン大学に寄贈した。古書のほかに明治・大正時代に刊行された参考書や全集も入っていた。一九七〇年にルーヴァン大学は二つに分離され、日本書籍を含めた蔵書の一部は新大学のルーヴァン・ラ・ヌーヴ大学が引き継いだ。この経緯については、小山騰「ルーヴァン大学図書館への日本語書籍寄贈事業」（『渋沢研究』一〇号、一九九七年）参照。

書だった。当時の古書の寄贈は、いまの目で見れば非常にありがたいことだが、近現代の日本を知るのに、古書だけでは用が足りるまい。しかし、西洋の大学が現代の日本書籍も所蔵するようになるのはまだ先の話だった。

あとがき

本書は国文学研究資料館主催の国際共同研究「江戸時代初期出版と学問の綜合的研究」の成果の一つである。研究の過程で改めて、江戸時代初期の出版書が海外に所蔵されているだけではなく、江戸初期に相当する十七世紀初頭のイギリスやアイルランドへも流通していたことを再確認した。すなわち、江戸時代を通じて、日本書籍が海外へ流れていたということだが、結果として海外の図書館や美術館に数多くの和書が所蔵されている。そのなかに含まれている江戸初期の出版物をつきとめることが我々の総合的研究の方法の一つだったが、それだけでは物足りない感じがせずにはいられなかった。つまり海外へ流れた書籍はいろいろ問題を提起してくれる。いつ流れたのか、誰が持って行ったのか、どんなルートを辿っていったのか、というような問題である。またその背景になぜ海外へ流れたのかという問題が潜《ひそ》んでいる。なぜイギリスやアイルランドだけに江戸初期に海外へ流れたものが残っているのだろうか。実は、室町末期、江戸初期にポルトガル、スペイン、イタリアなどへも流れていたはずだが、それを裏付ける証拠がまだ摑《つか》めておらず、残念だ。それから、江戸時代初期以来、なぜ西洋人はまったく読めない本を持って帰ったのだろうか。いまは、外国の図書館に数万冊の和書が所蔵されているが、なぜ所蔵されるようになったのだろうか。このような疑問が頭に浮かんできた。その外国所蔵の和書は幕末期あるいは明治時代に来日した外国人が買い集めたものがほとんどだが、先述のように、一部が江戸時代に出島のオランダ商館などを通してヨーロッパへ持ち込まれたし、さらには二十世紀の旅行者、外交官、学者などが買い集めたものもある。西洋の日本学が台頭したのは太平洋戦争以降のことだから、結果として、その和書は長いあいだ「眠っていた」といってよいくらいまったく活用されていなかった。現在ではそのようなことはない。活用されているのみならず、蔵書目録が出版されており、何がどこに所蔵されているかはすぐ把握できる。この小冊子は、前記の問題を取り上げ、少しでも海外に所蔵されている日本書籍の由緒を明らかにすることに貢献できればと思い、できたものである。大きな問題設定ゆえ、及ばない結果となったのは遺憾である。

「江戸時代初期出版と学問の綜合的研究」は、国文学研究資料館の「日本語の歴史的典籍の国際共同研究ネットワーク構築計画」の一部である。同計画は日本の書物文化の産物である書籍を中心に考察を進める。本研究では、海外へ流れた書籍の実情と歴史をなるべく具体的に把握できるように調査してきたつもりだ。

この国際共同研究をサポートしてくださった国文学研究資料館の海野圭介先生ならびに野網摩利子先生にお世話になったことをここで記し、感謝の意を表したい。

私は、大阪万国博覧会が開催された昭和四十五年（一九七〇）に初めて来日した。それ以来、まず東京教育大学（筑波大学の前身）および京都大学に長期留学し、京都大学人文科学研究所助教授を経て、一九八五年よりイギリスのケンブリッジ大学東洋学部に勤めていた。三十数年にわたり、毎年、日本を訪れ、資料探しにほぼ全国を巡った。その長い研究活動中に、お世話になった日本人の方々が数えきれないほどにいる。ここでは特に、国文学研究資料館へ招待し、ご多忙なときでも話し相手になってくださる今西祐一郎国文学研究資料館前館長、いつも西荻窪のお宅へ快く歓迎してくださる板坂則子・池田和臣両先生、それから長年の友人で、今回、私のバタくさい日本語の文章を丁寧に直してくださった櫻木晋一先生にそれぞれ心からお礼の言葉を申し上げる次第である。

参考文献一覧

大庭脩、王勇著『典籍』（大修館書店、一九九六年）

川瀬一馬「大英図書館のケンペル将来本」（『書誌学』三五・三六号、一九八五年）

エンゲルベルト・ケンペル著、今井正編訳『日本誌――日本の歴史と紀行』（改訂増補版、霞ケ関出版、一九八九年）

エンゲルベルト・ケンペル著、斎藤信訳『江戸参府旅行日記』（平凡社東洋文庫、一九七七年）

小杉恵子「パリ国立図書館における十八～十九世紀収集和古書目録稿――ティチング・シーボルト・ストゥルレル・コレクションを中心として」（『日蘭学会会誌』一七巻一号、一九九二年）

佐藤文樹「レオン・ド・ロニー――フランスにおける日本研究の先駆者」（『上智大学仏語・仏文学論集』七号、一九七二年）

鈴木俊幸『江戸の読書熱――自学する読者と書籍流通』（平凡社選書、二〇〇七年）

花山信勝『勝鬘経義疏の上宮王撰に関する研究』（岩波書店、一九四四年）

夫馬進「一七六四年朝鮮通信使と日本の徂徠学」（『史林』八九巻五号、二〇〇六年）

ウィリアム・D・フレミング「須原屋茂兵衛の『御書籍目録』とイェール大学日本書籍コレクション成立の秘話」（東京大学史料編纂所編『イェール大学所蔵日本関連資料――研究と目録』、勉誠出版、二〇一六年）

松井洋子、マティ・フォラー編『ライデン国立民族学博物館蔵ブロムホフ蒐集目録――ブロムホフの見せたかった日本』（臨川書店、二〇一六年）

Cortazzi, Hugh & Peter Kornicki, eds, *Japanese studies in Britain: a survey and history* (Folkestone: Renaissance Books, 2016)

Edgren, J. S., *Catalogue of the Nordenskiold Collection of Japanese Books in the Royal Library* (Stockholm: Royal Library, 1980)

Effert, Rudolf, *Royal Cabinets and auxiliary branches: origins of the National Museum of Ethnology, 1816-1883* (CNWS Publications, 2008)

Hammond, Ellen H., 'A history of the East Asia Library at Yale University' (Peter Zhou, ed., *Collecting Asia: East Asian libraries in North America, 1868-2008*, The Association for Asian Studies, 2010)

Hornby, Joan, 'The Historical Origins and Growth of the Japanese collection at the National Museum of Denmark' (*Bonner Zeitschrift für Japanologie*, vol. 3, 1981)

Howsam, Leslie, 'Trübner, Nicholas (1817–1884), publisher and philologist' (*Oxford dictionary of national biography*)

Kornicki, Peter, ed., *La bibliothèque japonaise de Léon de Rosny* (Lille: Bibliothèque Municipale de Lille, 1994)

Lequin, Frank, *A la recherche du Cabinet Titsingh : its history, contents and dispersal: catalogue raisonné of the collection of the founder of European Japanology* (Canaletto/Repro-Holland, 2003)

Michel, Wolfgang, 'A naturalist lost – C. P. Thunberg's disciple Johan Arnold Stützer (1763-1821) in the East Indies' (Josef Kreiner ed., *Japanese Collections in European Museums*, vol. 3 (Regional Studies 2), Bonn, Biersche Verlangsanstalt, 2015)

Munby, F. A., *The house of Routledge, 1834-1934; with a history of Kegan Paul, Trench, Trübner and other associated firms* (London: G. Routledge & Sons Ltd., 1934)

Pantzer, Peter, 'Die Japonica der Oesterreischischen Nationalbibliothek Wien' (*Bonner Zeitschrift für Japanologie* vol. 3, 1981)

Screech, Timon, '"Pictures (the most bawdy)": the Anglo-Japanese painting trade in the early 1600s' (*Art bulletin* 87.1, 2005)

図20　『よのうわさ』創刊号　Bibliothèque nationale de France（フランス国立図書館）蔵

図21　レデンホール街のイギリス東インド会社本部

図22　パーベリーとアレンが1833年に出した『東洋の文学関係書販売目録』British Library（大英図書館）蔵

図23　メドハーストが作成した英和・和英辞書（1830年）　British Library（大英図書館）蔵

図24　アレンの『東洋の文学関係書販売目録』　British Library（大英図書館）蔵

図25　『パーベリー氏の東洋先駆誌および植民地情報誌』創刊号　British Library（大英図書館）蔵

図26　『経典余師孝経』　国文学研究資料館蔵

図27　『トリュープナーのアメリカや東洋の文献記録』32号（1868年2月25日）British Library（大英図書館）蔵

掲載図版一覧

図1　『新刊吾妻鏡』（江戸初期刊）　The Board of Trinity College, Dublin（アイルランド・ダブリンのトリニティ・カレッジ図書館）蔵

図2　『やしま』（江戸初期刊）　Bodleian Libraries, Oxford（オックスフォード大学付属ボドリアン図書館）蔵

図3　『自然居士』（江戸初期刊）　Bodleian Libraries, Oxford（オックスフォード大学付属ボドリアン図書館）蔵

図4　『やたてかも』（江戸初期刊）　Bodleian Libraries, Oxford（オックスフォード大学付属ボドリアン図書館）蔵

図5　ケンペルの手稿『ドイツ人の見た元禄時代——ケンペル展』（ドイツ・日本研究所、1990年）44頁

図6　『七いろは』のヨーロッパ写本　個人蔵

図7　『Syllabarium Japanicum』　個人蔵

図8　『源平曦軍配』の前表紙見返しに見える大黒屋光太夫の自筆ロシア文字。О.П.Петрова, В.Н.Горегляд, Описание японских рукописей, ксилографов и старопечатных книг, vol. 6（モスクワ、1971年）187頁

図9・10　『帝国科学アカデミー図書館所蔵中国書籍および日本書籍目録』　個人蔵

図11　『サンクトペテルブルク帝国公共図書館所蔵東洋写本・木版本目録』　個人蔵

図12　日仏辞書　St. Petersburg Branch, Archive of the Russian Academy of Sciences（ロシア科学アカデミー・サンクトペテルブルク支部文書館）蔵

図13　『早引節用集』　個人蔵

図14　フィッセル蔵書票　The John Rylands Library, Manchester（マンチェスター大学付属ジョン・ライラドズ図書館）蔵

図15　『孟子』　Chang-su Houchins, *Artifacts of diplomacy: Smithsonian collections from Commodore Matthew Perry's Japan Expedition (1853-1854)* (Smithsonian Books, 1995) p. 133

図16　『画本鶯宿梅』の英訳版（1855年）　個人蔵

図17　ディッケンズの手書きリスト　The John Rylands Library, Manchester（マンチェスター大学付属ジョン・ライラドズ図書館）蔵

図18　サトウ、アストン、チェンバレン蔵書印　個人蔵

図19　須原屋茂兵衛『御書籍目録』　Beinecke Rare Book and Manuscript Library（イェール大学）蔵

ピーター・コーニツキー（Peter Kornicki）

1950年、イギリス、メイデンヘッド生まれ。オックスフォード大学大学院博士課程修了（D. Phil.）。2011年、オックスフォード大学文学博士（D. Litt.）取得。元ケンブリッジ大学東洋学部長。ケンブリッジ大学名誉教授。専攻、日本文化史。著書に、『ケンブリッジ大学所蔵和漢古書総合目録——アストン・サトウ・シーボルト・コレクション』（林望と共編、1991年）、*The Book in Japan: A Cultural History from the Beginnings to the Nineteenth Century*（1998年）、*The Female as Subject: Reading and Writing in Early Modern Japan*（共編、2010年）、*Languages, Scripts, and Chinese Texts in East Asia*（2018年）などがある。

ブックレット〈書物をひらく〉14

海を渡った日本書籍

——ヨーロッパへ、そして幕末・明治のロンドンで

2018年8月10日　初版第1刷発行

著者　ピーター・コーニツキー

発行者　下中美都

発行所　株式会社平凡社

〒101-0051　東京都千代田区神田神保町3-29

電話　03-3230-6580（編集）

03-3230-6573（営業）

振替　00180-0-29639

装丁　中山銀士

DTP　中山デザイン事務所（金子暁仁）

印刷　株式会社東京印書館

製本　大口製本印刷株式会社

ISBN978-4-582-36454-5

NDC分類番号020.2　A5判（21.0cm）　総ページ104

平凡社ホームページ　http://www.heibonsha.co.jp/

ブックレット〈書物をひらく〉

1 死を想え『九相詩』と『一休骸骨』 今西祐一郎
2 漢字・カタカナ・ひらがな 表記の思想 入口敦志
3 漱石の読みかた『明暗』と漢籍 野網摩利子
4 和歌のアルバム 藤原俊成 詠む・編む・変える 小山順子
5 異界へいざなう女 絵巻・奈良絵本をひもとく 恋田知子
6 江戸の博物学 島津重豪と南西諸島の本草学 高津 孝
7 和算への誘い 数学を楽しんだ江戸時代 上野健爾
8 園芸の達人 本草学者・岩崎灌園 平野 恵
9 南方熊楠と説話学 杉山和也
10 聖なる珠の物語 空海・聖地・如意宝珠 藤巻和宏
11 天皇陵と近代 地域の中の大友皇子伝説 宮間純一
12 熊野と神楽 聖地の根源的力を求めて 鈴木正崇
13 神代文字の思想 ホツマ文献を読み解く 吉田 唯
14 海を渡った日本書籍 ヨーロッパへ、そして幕末・明治のロンドンで ピーター・コーニツキー
15 伊勢物語流転と変転 鉄心斎文庫本が語るもの 山本登朗